HARMONIES

ET

PERTURBATIONS SOCIALES.

Paris. — Imprimerie de GUSTAVE GRATIOT, 30, rue Mazarine.

HARMONIES

ET

PERTURBATIONS SOCIALES.

ESQUISSE DES ŒUVRES DE F. BASTIAT

SUIVIE

DE QUELQUES CONSIDÉRATIONS

PAR JULES MARTINELLI.

La Liberté est un acte de foi en Dieu et en son œuvre.　　BASTIAT.

PARIS

LIBRAIRIE DE GUILLAUMIN ET Cie

Éditeurs du Journal des Économistes, de la Collection des principaux Économistes, du Dictionnaire de l'Économie politique, etc.

RUE RICHELIEU, 44

1852

PRÉFACE.

Maintenir, réformer, renouveler, *absolutisme, libéralisme, socialisme,* ces trois mots résument l'opinion tout entière.

Démontrer aux absolutistes qu'ils troublent l'harmonie naturelle de la société, — aux socialistes qu'il est possible d'écarter ces causes de trouble sans changer pour cela l'organisation elle-même, telle est la mission de l'école libérale, tel est l'objet de cette étude.

Elle embrasse deux ordres d'idées qu'on est accoutumé à regarder comme distincts, la *politique* et l'*économie politique*; mais cette distinction, admissible en théorie, n'est pas fondée en fait. La fonction politique exerce une influence prépondérante sur toutes les autres fonctions, ou, pour parler plus exactement, le pouvoir n'est qu'un des nombreux organes du corps social. On peut l'étudier à part, comme en médecine on étudie séparément le cerveau et l'estomac sans détruire pour cela leur solidarité avec les autres parties. Or, quand on cherche la solution des problèmes douloureux qui nous divisent, il est indispensable d'embrasser le fait social dans son ensemble.

Cette solution, un secret instinct m'avait appris depuis longtemps qu'elle était dans la LIBERTÉ; mais ma raison était impuissante à expliquer certaines contradictions, à dissiper certaines obscurités; et ma foi, sans en être ébranlée, s'égarait sur les pas des nombreux pionniers qui ont exploré ce champ dans toutes les directions. Je me fatiguais vainement à les suivre, lorsque les écrits de F. Bastiat ont paru. J'y ai enfin trouvé le fil conducteur, et je suis arrivé au but. La liberté a été justifiée des doutes qui obsédaient encore ma pensée; elle a été pour ma raison ce qu'elle n'avait jamais cessé d'être pour mon cœur : la rédemption de l'humanité, l'étoile fidèle qui guidera les générations futures dans la recherche de cet idéal qu'elles n'atteindront jamais, mais dont elles se rapprocheront tous les jours davantage, le *bien-être universel*.

Hommes *positifs*, ne vous hâtez pas de sourire en lisant ces lignes. Vous traitez avec dédain la liberté comme une affaire de sentiment. Eh bien, je vous la présente ici comme une affaire d'argent. En attendant que cette vérité vous soit attestée par l'expérience, vous la trouverez mathématiquement démontrée dans chacune des pages de F. Bastiat, dont j'entreprends de vous donner aujourd'hui l'analyse.

Analyser Bastiat ; analyser des écrits si substantiels, si riches de développements, si attrayants de verve et de naïveté ! c'est une profanation ! s'écrieront ses admirateurs. Voici ma justification.

J'avais entrepris ce travail pour moi-même ; j'avais fait, pour m'assimiler cette pensée vivante, comme pour les substances destinées à nous nourrir : je lui avais ôté la vie, la forme et la couleur. Le plus souvent, néanmoins, qu'il m'avait été possible sans nuire à la concision obligée d'un travail de ce genre, j'en avais littéralement reproduit l'expression [1]. Et puis, lorsque j'ai relu mon œuvre terminée, il m'a semblé qu'elle pourrait être utile aux autres comme elle l'avait été pour moi-même. Comment l'amour-propre d'auteur m'aurait-il fait illusion ? Ma participation comme auteur était à peu près nulle, dans la première partie du moins, qui contient le résumé de la doctrine de Bastiat. J'ai cru de bonne foi que son utilité était dans son défaut même, dans sa brièveté, dans le sacrifice brutalement accompli des grâces du style, de la variété et du piquant des aperçus, de toutes les qualités, en un mot, qui brillent dans l'original.

---

[1] J'ai guillemeté les passages d'une certaine étendue. Cela m'a paru inutile pour les phrases et les membres de phrases.

S'il se trouve, hélas ! de ces plumes impies qui font métier de disséquer le prochain pour jeter ensuite son squelette au public, qui faut-il accuser ? N'est-ce pas le public lui-même, public impatient et léger, qui veut que, sur toutes choses, on en finisse en quatre mots, et qui, des gros livres, n'effleure que le titre ?

Pour se déterminer à faire de sa plume un scalpel, il faut du courage, croyez-le bien. Mais lorsqu'on voit des connaissances aussi indispensables que celles-ci généralement négligées, que dis-je ? mises à l'index et proscrites par une certaine école, comment ne pas éprouver le besoin de réagir par tous les moyens possibles contre cette indifférence et ce mauvais vouloir ? C'est ce sentiment qui dictait à Bastiat les lignes suivantes :

« On pourrait ranger les sciences en deux catégories.

« Les unes, à la rigueur, peuvent n'être sues que des savants. Ce sont celles dont l'application occupe des professions spéciales. Le vulgaire en recueille le fruit malgré son ignorance; quoiqu'il ne sache pas la mécanique et l'astronomie, il n'en jouit pas moins de l'utilité d'une montre, il n'est pas moins entraîné par la locomotive ou le bateau à vapeur, sur la foi de l'ingénieur et du pilote. Nous marchons selon les lois de l'équilibre sans les connaître, comme M. Jourdain faisait de la prose sans le savoir.

« Mais il est des sciences qui n'exercent sur le public qu'une influence proportionnée aux lumières du public lui-même, qui tirent toute leur efficacité non des connaissances accumulées dans quelques têtes exceptionnelles, mais de celles qui sont diffusées dans la raison générale. Telles sont la morale, l'hygiène, l'économie sociale, et, dans les pays où les hommes s'appartiennent à eux-mêmes, la politique. C'est de ces sciences que Bentham aurait pu dire surtout : « Ce qui les répand vaut mieux que ce qui les avance. » Qu'importe qu'un grand homme, un Dieu même, ait promulgué les lois de la morale, aussi longtemps que les hommes, imbus de fausses notions, prennent les vertus pour des vices, et les vices pour des vertus ? Qu'importe que Smith, Say, et, selon M. Saint-Chamans, les économistes *de toutes les écoles*, aient proclamé, en fait de transactions commerciales, la supériorité de la *liberté* sur la *contrainte*, si ceux-là sont convaincus du contraire qui font les lois et pour qui les lois sont faites?

« Ces sciences, que l'on a fort bien nommées *sociales*, ont encore ceci de particulier que, par cela même qu'elles sont d'une application usuelle, nul ne convient qu'il les ignore. — A-t-on besoin de résoudre une question de chimie ou de géométrie : on ne prétend pas avoir la science infuse ; on n'a pas honte de consulter M. Thénard ; on ne se fait pas difficulté d'ouvrir Legendre ou Bezout. — Mais, dans les sciences sociales, on ne reconnaît guère d'autorités. Comme chacun fait journellement de la morale bonne ou mauvaise, de l'hygiène, de l'économie, de la politique raisonnable ou absurde, chacun se croit apte à gloser, disserter, décider et trancher en ces matières. — Souffrez-vous : il n'est pas de bonne vieille qui ne vous dise du premier coup la cause et le remède de vos maux : « Ce sont les humeurs, affirme-t-elle; il faut vous purger.»—Mais qu'est-ce que les humeurs, et y a-t-il des humeurs ? C'est ce dont elle ne se met en peine. — Je songe involontairement à cette bonne vieille quand j'entends expliquer tous les malaises sociaux par ces phrases banales : C'est la surabondance des produits, c'est la tyrannie du capital, c'est la pléthore industrielle, et autres sornettes dont on ne peut pas même dire : *Verba et voces, prætereaque nihil*, car ce sont autant de funestes erreurs.»

Voici maintenant ce que Bastiat ne pouvait dire. Il a satisfait aux deux conditions indiquées dans la maxime de Bentham : il ne s'est pas contenté de répandre la science, il lui a fait faire un pas immense. Nulle part on ne trouvera un ensemble d'observations plus neuves, plus justes, plus profondes, plus consolantes.

Telle est la doctrine dont je me suis fait l'humble et respectueux propagateur, et que je me permets de recommander aux méditations assidues des hommes de notre époque. Je plaindrais ceux qui, après avoir parcouru cette esquisse, n'éprouveraient pas l'irrésistible désir de lire l'original.

HARMONIES ET PERTURBATIONS
SOCIALES.

CHAPITRE PREMIER.
Notions préliminaires.

Les hommes ne se sont réunis en société que pour s'aider mutuellement, pour *échanger leurs services*. En sorte que les lois qu'ils ont adoptées seront d'autant meilleures que, sous leur empire, les échanges seront plus faciles, plus nombreux et plus justes. *Faciliter*, *multiplier* et *moraliser* les rapports d'homme à homme, ces trois mots résument l'esprit de toute bonne organisation ; et ce résultat sera d'autant plus près d'être obtenu que les lois sociales se seront le plus conformées aux lois de notre nature.

Il importe de bien se pénétrer de cette dernière vérité que nous aurons fréquemment l'occasion de rappeler plus tard, à savoir que ce qui est vrai de l'individu est vrai de la société. « L'homme isolé est à la fois producteur et consommateur, inventeur et entrepreneur, capitaliste et ouvrier ; tous les phénomènes économiques s'accomplissent en lui : il est comme un résumé de la société. De même l'humanité, vue dans son ensemble, est un homme immense, collectif, multiple, auquel s'appliquent exactement toutes les vérités observées sur l'individualité même. »

L'étude des lois qui régissent l'un et l'autre est l'objet de l'*économie politique*. Mais cette science n'embrasse pas l'homme tout entier. Elle traite exclusivement des *intérêts matériels*, laissant à la *morale* tout ce qui appartient au domaine des *sentiments*. Rabaisser la première de ces deux sciences au nom de la seconde n'est que pure déclamation. « Comme il y a deux forces dans le monde matériel, l'une qui va de la circonférence au centre, l'autre du centre à la circonférence, il y a aussi deux principes dans le monde social, l'*intérêt personnel* et la *sympathie*. Loin de se heurter comme on le dit sans cesse, ces deux énergies natives se combinent et concourent à la réalisation d'un même résultat, le bien général. »

L'économie politique est une science toute d'observation : elle constate des faits, mais elle ne crée pas des systèmes. Elle diffère en cela du *socialisme*, qui, par la plume des Platon, des Morus, des Harrington, des Fénelon, des Saint-Simon, des Fourier, des Cabet, des Louis Blanc, des Pierre Leroux, et de tant d'autres inventeurs plus ou moins connus, s'est donné pour mission spéciale d'éditer des plans d'organisation sociale.

En voyant son rôle ainsi circonscrit, il ne faut pas croire qu'elle est, quant au socialisme, une science de premier degré, comme le sont les mathématiques relativement à toutes les sciences exactes, l'anatomie et la physiologie relativement à la médecine. Bien loin d'être l'auxiliaire de la science socialiste, elle est son antagoniste ; loin de fournir des matériaux à l'édification d'une société nouvelle, elle démontre la parfaite harmonie de la société actuelle, et par conséquent le danger ou tout au moins l'inutilité de toute invention en cette matière. Pour appliquer ici l'un des exemples que je viens d'invoquer, elle se trouve dans la situation de l'anatomiste et du physiologiste qui, après avoir montré au médecin l'arrangement et le jeu des organes de l'homme, lui diraient : « Voilà un tout parfaitement harmonique. Lorsqu'il s'y manifestera quelque désordre, ne vous mettez pas dans l'esprit, comme le médecin de Molière, de *changer tout cela*, en plaçant le cœur à droite et le foie à gauche, ou, qui pis est, en les supprimant tous les deux. Contentez-vous d'écarter les *causes pertubatrices*, et c'est encore nous qui vous aiderons à en reconnaître la présence, le siége et le mode d'influence. »

Ce qui sépare, en effet, radicalement les diverses écoles socialistes de l'école économiste, ce n'est pas telle ou telle vue de détail, telle ou telle combinaison gouvernementale ; c'est le point de départ, c'est cette question préliminaire et dominante : Les intérêts humains, laissés à eux-mêmes, sont-ils harmoniques ou antagoniques ?

Les socialistes croient à l'antagonisme et le voient partout. C'est pourquoi ils se mettent en quête d'une organisation artificielle, et sont réduits à invoquer la contrainte pour la faire accepter, car il n'est pas besoin de contraindre à l'harmonie ce qui est harmonique de soi.

Les économistes, au contraire, partent de la naturelle harmonie des intérêts, et concluent à la liberté. Ce n'est pas à dire que, dans l'école économiste, de graves erreurs n'aient été commises, et que l'on n'ait souvent vu l'antagonisme là ou il n'existait pas. Mais les erreurs des savants ne prouvent rien contre la science ; et l'on peut tenir pour certain que toute observation qui, dans l'ensemble ou dans quelques-uns seulement des rapports sociaux, aboutira à l'antagonisme naturel des intérêts, est une observation mal faite.

Les socialistes se sont prévalus de ces erreurs, et ont dit : « Puisque les grandes lois de la Providence conduisent la société vers le mal, il faut les abolir et en choisir d'autres. »

Nous ne sommes certes pas assez aveugle pour nier l'existence du mal; mais voici ce que nous pensons de son origine et de sa mission. Nous affirmons que le mal n'est pas la conséquence naturelle des grandes lois providentielles qui ont présidé à l'arrangement du monde moral aussi bien qu'à celui du monde matériel. Le mal provient, au contraire, de ce que ces lois n'agissent pas dans leur plénitude, de ce que leur action est troublée par l'action opposée des institutions humaines; et nous en concluons que, si la source du mal est dans l'absence de liberté, le remède est dans la liberté même.

En effet la raison suggère et l'expérience atteste que l'homme, être imparfait, est éminemment perfectible. Les deux agents qui concourent a son perfectionnement sont la *sensibilité* et la *liberté* : la sensibilité, qui le porte à rechercher le bien et à fuir le mal; la liberté, qui lui permet de choisir entre l'un et l'autre, et qui lui offre en perspective la *satisfaction* lorsqu'il opte pour le bien, la *souffrance* lorsqu'il opte pour le mal. Toute l'activité humaine se meut entre ces deux pôles, l'*intérêt personnel* et le *libre arbitre*, un moteur et une lumière.

Sans doute l'homme se trompera souvent dans l'usage qu'il fera de sa liberté, mais alors il souffrira ou fera souffrir les autres; et il sera ramené vers le bien, dans le premier cas par le sentiment de sa propre douleur, dans le second par la résistance de ses semblables.

En vertu de cette double loi de la *responsabilité* et de la *solidarité*, « le mal aboutit donc au bien et le provoque, tandis que le bien ne peut aboutir au mal; d'où il suit que le bien doit finir par dominer, et que l'invincible tendance sociale, *sous l'empire de la liberté*, est une approximation constante des hommes vers un niveau physique, intellectuel et moral, en même temps qu'une élévation progressive et indéfinie de ce niveau. »

Mais est-il bien certain que le mécanisme social, comme le mécanisme céleste, comme le mécanisme du corps humain, obéisse à des lois générales et harmoniques? Est-il vrai que ces lois générales agissent indépendamment des lois écrites, et que l'unique rôle de celles-ci soit de régulariser l'action de celles-là? — Ou bien, la société est-elle une invention humaine, exposée par conséquent à subir de perpétuelles transformations, suivant le génie ou le caprice de ceux qui la dirigent? En d'autres termes, Dieu a-t-il fait ce qui est, et les hommes peuvent-ils faire autrement et mieux? Nous traiterons cette question dans la première partie de cette étude; et, après y avoir démontré l'harmonie parfaite de l'organisation naturelle de la société, nous nous occuperons, dans la seconde, des causes purement artificielles qui troublent cette harmonie.

CHAPITRE II

L'homme.

Avant d'étudier la machine sociale dans ses détails, voyons-la fonctionner un moment, non dans son vaste ensemble, mais relativement a un fait donné. Tout vulgaire que sera ce fait, nous y découvrirons de merveilleuses choses, qui ont probablement échappé à notre attention; car, comme l'a dit Rousseau, il faut beaucoup de philosophie pour savoir observer ce qu'on a constamment sous les yeux. Ce premier aperçu nous inspirera peut-être le désir de pousser notre examen plus loin, et d'étudier l'appareil pièce à pièce. Voici comment ce fait est décrit par Bastiat :

« Prenons un homme appartenant à une classe modeste de la société, un menuisier de village par exemple, et observons tous les services qu'il rend à la société et tous ceux qu'il en reçoit. Nous ne tarderons pas à être frappés de l'énorme disproportion apparente.

« Cet homme passe sa journée à raboter des planches, à fabriquer des tables et des armoires. Il se plaint de sa condition ; et cependant que reçoit-il en réalité de cette société, en échange de son travail ?

« D'abord, tous les jours, en se levant, il s'habille, et il n'a personnellement fait aucune des nombreuses pièces de son vêtement. Or, pour que ces vêtements, tout simples qu'ils sont, soient à sa disposition, il faut qu'une énorme quan-

lité de travail, d'industrie, de transports, d'inventions ingénieuses, ait été accomplie : il faut que des Américains
aient produit du coton, des Indiens de l'indigo, des Français de la laine et du lin, des Brésiliens du cuir ; que tous
ces matériaux aient été transportés en des villes diverses ;
qu'ils aient été ouvrés, filés, tissés, teints, etc.

« Ensuite, il déjeune. Pour que le pain qu'il mange lui
arrive tous les matins, il faut que des terres aient été dé-
frichées, closes, labourées, fumées, ensemencées ; il faut
que les récoltes aient été préservées avec soin du pillage ;
il faut qu'une certaine sécurité ait régné au milieu d'une
innombrable multitude ; il faut que le froment ait été ré-
colté, broyé, pétri et préparé ; il faut que le fer, l'acier, le
bois, la pierre, aient été convertis par le travail en instruments
de travail ; que certains hommes se soient emparés de la
force des animaux, d'autres du poids d'une chute d'eau, etc. ;
toutes choses dont chacune, prise isolément, suppose une
masse incalculable de travail mise en jeu, non-seulement
dans l'espace, mais dans le temps.

« Cet homme ne passera pas sa journée sans employer
un peu de sucre, un peu d'huile, sans se servir de quelques
ustensiles.

« Il enverra son fils à l'école pour y recevoir une instruction qui, quoique bornée, n'en suppose pas moins des recherches, des études antérieures, des connaissances dont
l'imagination est effrayée.

« Il sort : il trouve une rue pavée et éclairée.

« On lui conteste une propriété : il trouvera des avocats
pour défendre ses droits, des juges pour l'y maintenir, des
officiers de justice pour faire exécuter la sentence ; toutes
choses qui supposent encore des connaissances acquises,
par conséquent des lumières et des moyens d'existence.

« Il va à l'église : elle est un monument prodigieux, et
le livre qu'il y porte est un monument peut-être plus prodigieux encore de l'intelligence humaine. On lui enseigne la
morale, on éclaire son esprit, on élève son âme ; et, pour

que tout cela se fasse, il faut qu'un autre homme ait pu fréquenter les bibliothèques, les séminaires, puiser à toutes les sources de la tradition humaine, qu'il ait pu vivre sans s'occuper directement des besoins de son corps.

« Si notre artisan entreprend un voyage, il trouve que, pour lui épargner du temps et diminuer sa peine, d'autres hommes ont aplani, nivelé le sol, comblé des vallées, abaissé des montagnes, joint les rives des fleuves, amoindri tous les frottements, placé des véhicules à roues sur des blocs de grès ou des bandes de fer, dompté les chevaux ou la vapeur, etc.

« Il est impossible de ne pas être frappé de la disproportion véritablement incommensurable qui existe entre les satisfactions que cet homme puise dans la société et celles qu'il pourrait se donner s'il était réduit à ses propres forces. J'ose dire que, dans une seule journée, il consomme des choses qu'il ne pourrait produire lui-même dans dix siècles.

« Ce qui rend le phénomène plus étrange encore, c'est que tous les autres hommes sont dans le même cas que lui. Chacun de ceux qui composent la société a absorbé des millions de fois plus qu'il n'aurait pu produire; et cependant ils ne se sont rien dérobé mutuellement. Et si l'on regarde les choses de près, on s'aperçoit que ce menuisier a payé en services tous les services qui lui ont été rendus. S'il tenait ses comptes avec une rigoureuse exactitude, on se convaincrait qu'il n'a rien reçu sans le payer au moyen de sa modeste industrie; que quiconque a été employé à son service, dans le temps ou dans l'espace, a reçu ou recevra sa rémunération.

« Il faut donc que le mécanisme social soit bien ingénieux, bien puissant, puisqu'il conduit à ce singulier résultat, que chaque homme, même celui que le sort a placé dans la condition la plus humble, a plus de satisfactions en un jour qu'il n'en pourrait produire en plusieurs siècles.

« Ce n'est pas tout, et ce mécanisme social paraîtra bien plus ingénieux encore, si le lecteur veut bien tourner ses regards sur lui-même.

« Je le suppose simple étudiant. Que fait-il à Paris? Comment y vit-il? On ne peut nier que la société ne mette à sa disposition des aliments, des vêtements, un logement, des diversions, des livres, des moyens d'instruction, une multitude de choses enfin, dont la production, seulement pour être expliquée, exigerait un temps considérable, à plus forte raison pour être exécutée. Et, en retour de toutes ces choses, qui ont demandé tant de travail, de sueurs, de fatigues, d'efforts physiques ou intellectuels, de transports, d'inventions. de transactions, quels services cet étudiant rend-il à la société? Aucun; seulement il se prépare à lui en rendre. Comment donc ces millions d'hommes qui se sont livrés à un travail positif, effectif et productif, lui en ont-ils abandonné les fruits? Voici l'explication : c'est que le père de cet étudiant, qui était avocat, médecin ou négociant, avait rendu autrefois des services, — peut-être à la société chinoise, — et en avait retiré, non des services immédiats, mais des *droits* à des services qu'il pourrait réclamer dans le temps, dans le lieu et sous la forme qu'il lui conviendrait. C'est de ces services lointains et passés que la société s'acquitte aujourd'hui; et, chose étonnante! si l'on suivait par la pensée la marche des transactions infinies qui ont dû avoir lieu pour atteindre le résultat, on verrait que chacun a été payé de sa peine; que ces droits ont passé de main en main, tantôt se fractionnant, tantôt se groupant, jusqu'à ce que, par la consommation de cet étudiant, tout ait été balancé. N'est-ce pas là un phénomène bien étrange?

« On fermerait les yeux à la lumière si l'on refusait de reconnaître que la société ne peut présenter des combinaisons si compliquées, dans lesquelles les lois civiles et pénales prennent si peu de part, sans obéir à un mécanisme prodigieusement ingénieux. Ce mécanisme est l'objet qu'étudie l'*économie politique.*

« Une chose encore digne de remarque, c'est que, dans ce nombre vraiment incalculable de transactions qui ont abouti à faire vivre pendant un jour un étudiant, il n'y en a peut-être pas la millionnième partie qui se soient faites directement. Les choses dont il a joui aujourd'hui, et qui sont innombrables, sont l'œuvre d'hommes dont un grand nombre a disparu depuis longtemps de la surface de la terre. Et pourtant ils ont été rémunérés comme ils l'entendaient, bien que celui qui profite aujourd'hui du produit de leur travail n'ait rien fait pour eux. Il ne les a pas connus, il ne les connaîtra jamais. Celui qui lit cette page, au moment même où il la lit, a la puissance, quoiqu'il n'en ait peut-être pas la conscience, de mettre en mouvement des hommes de tous les pays, de toutes les races, et je dirai presque de tous les temps, des blancs, des noirs, des rouges, des jaunes ; il fait concourir à ses satisfactions actuelles des générations éteintes, des générations qui ne sont pas nées ; et cette puissance extraordinaire, il la doit à ce que son père a rendu autrefois des services à d'autres hommes qui, en apparence, n'ont rien de commun avec ceux dont le travail est mis en œuvre aujourd'hui. Cependant il s'est opéré une telle balance, dans le temps et dans l'espace, que chacun a été rétribué et a reçu ce qu'il avait calculé devoir recevoir.

« En vérité tout cela a-t-il pu se faire, des phénomènes aussi extraordinaires ont-ils pu s'accomplir, sans qu'il y eût dans la société une naturelle et savante *organisation* qui agit pour ainsi dire à notre insu ?

« On parle beaucoup, de nos jours, d'inventer une nouvelle *organisation*. Est-il bien certain qu'aucun penseur, quelque génie qu'on lui suppose, quelque autorité qu'on lui donne, puisse imaginer et faire prévaloir une organisation supérieure à celle dont je viens d'esquisser quelques résultats ?

Notre admiration sera bien plus grande, si, de cette vue d'ensemble, nous passons à l'examen des rouages, des ressorts et des mobiles.

« Ces rouages sont des hommes, c'est-à-dire des êtres capables d'apprendre, de réfléchir, de se tromper, de se rectifier, et par conséquent d'agir sur l'amélioration ou sur la détérioration du mécanisme lui-même. Ils sont capables de satisfaction et de douleur, et c'est en cela qu'ils sont non-seulement les rouages, mais les ressorts du mécanisme. Ils en sont aussi les mobiles, car le principe d'activité est en eux. Ils sont plus que cela encore, ils en sont l'objet même et le but, puisque c'est en satisfactions et en douleurs que tout se résout en définitive. »

Arrêtons-nous un moment à ces phenomènes primordiaux de la *sensibilité* et de *l'activité* humaines.

De l'idée générale *sensibilité* naissent les idées plus précises : peines, besoins, désirs, goûts, appétits, d'un côté ; et de l'autre, plaisirs, jouissances, satisfactions, bien-être. Entre ces deux extrêmes s'interpose le moyen, et de l'idée générale *activité* naissent les idées plus précises : peine, effort, fatigue, travail, production.

Analysons ces trois termes de l'évolution économique, le *besoin*, le *moyen*, la *satisfaction*.

Les *besoins* de l'homme sont très-variés. Ceux qui occupent le premier rang dans les services que nous nous rendons mutuellement sont compris dans l'énumération suivante : Alimentation, vêtement, logement, conservation et rétablissement de la santé, locomotion, sécurité, instruction, diversion, sensation du beau. Nous sommes obligés de les satisfaire sous peine de souffrance, et quelques-uns même sous peine de mourir.

Non-seulement ils s'imposent impérieusement à nous dans une mesure plus ou moins étendue, mais ils nous tyrannisent d'une autre façon en se montrant de plus en plus exigeants. L'habitude nous blase promptement sur les jouissances conquises, non pour nous porter à y renoncer, mais pour nous inspirer le désir de les augmenter sans cesse. Cette élasticité indéfinie de nos besoins, contre laquelle on proteste au nom de la morale, est cependant le plus universel de nos instincts, le plus puissant mobile du progrès, l'agent le plus propre à équilibrer la consommation avec la production. En effet, lorsque la libéralité de la nature, ou la puissance des machines, ou des habitudes de tempérance et de modération viennent rendre disponible pour un temps une portion de travail humain, il ne tarde pas à trouver un emploi dans le raffinement des besoins déjà connus, ou dans la création de besoins nouveaux.

Si nos désirs sont indéfinis, la présomption est que nos *moyens* d'y pourvoir le sont aussi. Mais le désir et le moyen ne marchent pas d'un pas égal ; l'un court, et l'autre suit en boitant. De là la souffrance qui, dans une certaine mesure, sera toujours le partage de l'humanité, mais qui a pour mission d'aiguillonner ses facultés et de la pousser sans cesse en avant. Les moyens par lesquels nous satisfaisons nos besoins sont de deux sortes : la nature et le travail, les dons de Dieu et les fruits de nos efforts.

La nature met deux choses à notre disposition : des *matériaux* et des *forces*. Elle vient en aide à l'agriculture par l'action du soleil et de la pluie, des sucs cachés dans le sol, des gaz répandus dans l'atmosphère, etc., etc., etc. ; au manufacturier, par la puissance des chutes d'eau, de la vapeur, de la gravitation, de l'électricité, par les qualités chimiques de certaines substances, etc., etc. ; au commerçant, par la force du vent qui enfle les voiles, par les lois du magnétisme qui agissent sur la boussole, etc., etc. ; elle fournit tout cela *gratuitement* aux hommes, et, comme nous le verrons plus tard, ceux-ci se le transmettent *gratuitement* aussi dans les échanges qu'ils font entre eux. L'homme n'a pas la puissance de créer les matériaux et les forces; il se borne à les modifier, à les combiner, à les déplacer pour son avantage ou pour l'avantage d'autrui.

Ici commence l'action de l'homme, le *travail*, mot qui ne signifie pas simplement l'action presque exclusivement musculaire de l'homme sur les choses, mais l'application à la satisfaction de ses besoins de toutes ses facultés *physiques, intellectuelles* et *morales*. Le rôle des facultés *morales* dans le phénomène de la production est moins apparent que celui des deux autres, mais n'en est pas moins réel. La sagesse, l'ordre, l'activité, la prévoyance ne sont-ils pas en effet des conditions indispensables à la formation des capitaux ?

Si le besoin est une peine, le travail est une peine aussi; il en résulte que l'homme doit chercher à diminuer celle-ci, quand il le peut sans nuire à la satisfaction qui est le but. C'est à quoi il réussit lorsqu'il parvient à alléger son travail à l'aide du concours de la nature ; à remplacer, pour nous servir d'une locution que nous aurons fréquemment l'occasion d'employer plus tard, de l'*utilité onéreuse* par de l'*utilité gratuite*. Or c'est là l'objet perpétuel de ses recherches. Chaque fois qu'il réalise un progrès de ce genre, une partie de ses efforts est, pour ainsi dire, mise en disponibilité, et il a l'option ou de s'abandonner à un plus long repos, ou de s'attaquer à de nouvelles entreprises, de travailler à la satisfaction de nouveaux désirs. Tel est le principe de tout progrès dans l'ordre économique.

Tel est aussi, il est aisé de le comprendre, le principe de toute déception ; car progrès et déception ont leur racine dans ce don merveilleux et spécial que Dieu a fait aux hommes : le libre arbitre. Nous ne nous trompons point sur la nature intime de nos sensations, car nous discernons avec un instinct infaillible si elles sont pénibles ou agréables ; mais jusqu'à ce qu'elles nous aient avertis, nous pouvons nous tromper sur le but que nous poursuivons, sur la *satisfaction*. Nous trouvons souvent la peine où nous cherchions le plaisir ; souvent aussi nous ignorons qu'une satisfaction immédiate sera suivie d'une plus grande peine ultérieure ; enfin nous pouvons être égarés par la perversion de notre volonté. Mais, comme nous l'avons dit, la responsabilité et la solidarité sont toujours là pour redresser nos erreurs.

Il n'en est pas moins certain que la *satisfaction*, objet de nos *désirs* et de nos *efforts*, est la pierre de touche du progrès ; que le bonheur de l'humanité se mesure à la masse des satisfactions qu'elle peut se procurer, et à la facilité avec laquelle elle les obtient. Lorsqu'il s'agit d'un individu, on ne fait pas difficulté de reconnaître que son bien-être est d'autant plus grand que ses jouissances sont plus nombreuses et qu'elles lui coûtent moins d'efforts. Mais pour la société, on raisonne tout autrement : on apprécie une mesure économique plutôt par le travail qu'elle provoque que par le résultat utile qu'elle produit.

On retrouve le même sophisme dans la manière de juger les satisfactions elles-mêmes. Un homme a-t-il des goûts factices, puérils, immoraux : on reconnaît que, ses forces étant bornées, il ne peut satisfaire des désirs dépravés ou frivoles qu'aux dépens de désirs plus intelligents et plus relevés. Mais est-il question de la société : cet axiome évident est considéré comme une erreur. On est porté à croire que les goûts factices, les satisfactions illusoires, source de misère individuelle, sont une source de richesse nationale, parce qu'ils ouvrent des débouchés à une foule d'industries.

Nous réfuterons en leur lieu ces sophismes et tant

d'autres du même genre, qui ne se seraient jamais produits si l'on s'était bien pénétré de cette vérité capitale que nous avons signalée en commençant, à savoir que, la société étant un individu collectif, et l'individu une société résumée, les mêmes principes sont applicables au tout et à la partie.

Dans les divers éléments que nous venons de soumettre à notre examen, besoins, désirs, matériaux et forces fournis par la nature, facultés physiques, intellectuelles et morales de l'homme, abondance, facilité, moralité des satisfactions, tout est variable selon l'individu, le temps et le lieu. De là résulte une grande et inévitable inégalité parmi les hommes, qui, sans pouvoir jamais s'effacer entièrement, ira s'amoindrissant toujours, pourvu que les lois naturelles qui régissent l'évolution économique fonctionnent librement. Après avoir donc constaté que cette évolution embrasse ou peut embrasser ces quatre idées :

$$\text{besoin} \begin{cases} \text{effort humain} \\ \text{collaboration naturelle} \end{cases} \text{satisfaction,}$$

passons à l'étude des lois sur lesquelles elle repose.

CHAPITRE III.

Échange.

Les deux termes extrêmes de l'évolution, le *besoin* et la *satisfaction*, sont, par leur nature même, intransmissibles : ils s'accomplissent dans la sensation, qui est tout ce qu'il y a de plus personnel au monde, aussi bien celle qui précède l'*effort* et le détermine, que celle qui le suit. S'il en était de même pour le terme moyen, l'*effort*, l'évolution économique s'accomplirait intégralement dans l'individu isolé, la société n'aurait pas de raison d'être. Mais l'effort est transmissible : nous pouvons travailler les uns pour les autres, mettre nos facultés, ou ce qui en provient, au service d'autrui, à charge de revanche. Non-seulement nous le pouvons, mais nous le faisons nécessairement, et c'est même par cette mutualité de services que presque tous nos besoins sont satisfaits. Il suffit, pour nous en convaincre, de tourner nos regards sur nous-mêmes, et de voir comment nous pourvoyons à tout ce qui compose notre existence. L'échange, c'est donc la société tout entière ; les causes, les effets, les lois qui s'y rapportent constituent l'économie politique et sociale. Aussi ce n'est pas dans un chapitre qu'on peut épuiser un aussi vaste sujet ; à peine le livre entier en offrira-t-il une ébauche.

La forme primitive de l'échange, c'est le *troc*. « Labourez une journée pour moi, je bêcherai une journée pour vous. — Donnez-moi votre barrique de vin, je vous donnerai mon sac de blé. » Le troc est provoqué par ce calcul que fait chacun des contractants : « Je troque, parce que le troc me fait arriver à la *satisfaction* de mon *besoin* avec un moindre *effort.* » Il s'accomplit à la suite d'un débat, et lorsque ce débat est libre, on en conclut avec certitude que les deux produits ou les deux services se *valent.*

Il peut être *circulaire* et embrasser plusieurs parties contractantes : Paul rend un service à Pierre, qui rend un service équivalent à Jacques, lequel rend à son tour un service équivalent à Paul ; moyennant quoi tout est balancé.

Il n'est pas besoin de dire combien le troc en nature est limité ; car il est une foule d'objets qui ne peuvent s'échanger à cause de la différence de leur valeur, de leur indivisibilité et d'une infinité d'autres circonstances. L'humanité serait bien vite arrivée à la limite de la séparation des travaux, à la limite du progrès, si elle n'eût pas trouvé un moyen de faciliter les échanges.

C'est pourquoi, dès l'origine même de la société, on voit les hommes faire intervenir dans leurs transactions une marchandise intermédiaire, du blé, du vin, des animaux, et le plus souvent des métaux. Alors apparaissent deux phénomènes économiques qu'on nomme *vente* et *achat,* c'est-à-dire un troc à deux facteurs, dont la réunion est indispensable pour former un troc complet. Ce mode de procéder ne change pas l'évolution économique, qui consiste toujours dans le *besoin,* l'*effort* et la *satisfaction.* L'homme qui a troqué un service ou un produit contre un écu, s'est dénanti d'une chose pour en retenir la valeur, mais il n'obtient la *satisfaction* de ses *besoins* que lorsqu'il a troqué de nouveau cet écu contre un service ou un produit équivalent. Alors les deux facteurs reconstituent pour lui le troc simple.

Sous le régime du troc simple, la *valeur* c'est l'appréciation de deux services échangés et comparés directement entre eux ; sous le régime de l'échange composé, les deux services s'apprécient aussi l'un l'autre, mais par comparaison à cette marchandise intermédiaire qu'on appelle *monnaie*.

Grâce à la monnaie, l'échange a pu prendre un développement vraiment indéfini. Chacun jette dans la société ses services, sans savoir à qui ils procureront la satisfaction qui y est attachée. De même il retire de la société, non des services immédiats, mais des écus avec lesquels il achètera en définitive des services ou, quand et comme il lui plaira. En sorte que les transactions définitives se font à travers le temps et l'espace, entre inconnus, sans que personne sache, au moins dans la plupart des circonstances, par l'*effort* de qui ses *besoins* seront *satisfaits*, et aux *besoins* de qui ses propres *efforts* procureront *satisfaction*.

Les titres de crédit, lettres de change, billets de banque, contrats hypothécaires, n'ont été qu'un perfectionnement de l'instrument destiné à faciliter l'échange et à lui donner cette puissance de développement qui lui permet de se jouer du temps et de la distance.

Si le but de l'échange est de lever ou d'amoindrir les *obstacles* qui s'interposent entre nos besoins et nos satisfactions, lui-même rencontre des *obstacles*, exige des efforts. La preuve en est dans la masse immense de travail et d'hommes qu'il met en mouvement : métaux précieux, routes, canaux, chemins de fer, voitures, navires, banquiers, négociants, marchands, courtiers, voituriers, marins, etc., etc. Il résulte de ce fait que l'échange s'arrête tout naturellement là où l'effort qu'il *exige* dépasse l'effort qu'il *épargne*. Ainsi, tant que la valeur d'un produit, augmentée des frais de transport, est inférieure à la valeur de ce même produit fabriqué dans le pays où on l'importe, l'échange continuera. Il s'arrêtera, au contraire, dès que la première valeur dépassera la seconde. Cela aura lieu de soi-même, sans que la loi ait besoin d'intervenir ; car elle serait nuisible dans le premier cas en arrêtant l'échange, et impuissante dans le second en cherchant à le provoquer.

Lorsque l'échange s'est naturellement arrêté en présence du nivellement des deux valeurs, il reprendra son essor dès que le moindre perfectionnement dans l'*appareil commercial* fera pencher la balance du bon marché en faveur du produit transporté. L'établissement d'une route, d'un canal, d'un pont, suffira quelquefois à produire ce résultat. Remarquez, en effet, que toute amélioration dans les moyens de communication équivaut à un rapprochement. Or, plus les hommes sont rapprochés, moins ils rencontrent d'*obstacles* à échanger, et, plus ils échangent, plus ils tirent un parti avantageux de leurs services. Ceci nous amène à étudier les merveilleux effets de l'échange sur la condition de l'espèce humaine.

Nous avons dit que l'échange n'était pas seulement une faculté, mais une nécessité. Si nous réfléchissons un instant aux dangers dont l'homme est assailli, aux difficultés qu'il a à surmonter depuis le berceau jusqu'à la tombe, nous serons convaincus que, livré à ses propres forces, il ne tarderait pas à succomber, et nous conclurons, contrairement à l'opinion de certains philosophes, que la société est notre état de nature, puisque c'est le seul où il nous soit donné de vivre.

Il y a, en effet, une remarque à faire sur l'équilibre des besoins et des facultés, remarque qui doit nous saisir d'admiration pour le plan providentiel qui régit nos destinées. C'est celle-ci :

Dans l'isolement, nos besoins dépassent nos facultés.

Dans l'état social nos facultés dépassent nos besoins.

Il suit de là que si, dans l'état d'isolement, l'homme doit finir par succomber, dans l'état social, au contraire, l'excédant que lui laisse la satisfaction de ses besoins, il peut l'appliquer à des besoins d'un ordre plus relevé, et marcher indéfiniment dans la voie du progrès. C'est parce que, seul de tous les animaux, il peut échanger le produit de ses facultés, que seul il est perfectible. L'explication du phénomène qui élève ainsi ses facultés au-dessus de ses besoins est dans *l'union des forces* et dans *la séparation des occupations.*

Est-il besoin de démontrer que, dans beaucoup de cas, la force unie de plusieurs hommes est supérieure du tout au tout à la somme de leurs forces isolées ; que, lorsqu'il s'agit de déplacer un lourd fardeau, là où mille hommes pourraient successivement échouer, il est possible que quatre hommes réussissent en s'unissant ? Essayez de vous figurer les choses qui ne se fussent jamais accomplies dans le monde sans cette union. Ce qui ajoute encore à la puissance de l'association, c'est que chacun apporte à l'accomplissement de l'œuvre commune les aptitudes spéciales qui lui ont été départies, et qui se trouvent rarement réunies dans le même individu : celui-là ses facultés physiques, celui-ci ses facultés intellectuelles, cet autre ses facultés morales. Or toute coopération à une œuvre quelconque implique un échange : chacun fait profiter autrui de ses efforts et profite des efforts d'autrui dans des proportions convenues.

La division du travail est un autre mode de coopération, d'association, et voici comment Adam Smith explique la puissance de ses effets : « L'accroissement dans la quantité d'ouvrage que peut exécuter le même nombre d'hommes par suite de la division du travail, est dû à trois circonstances : 1° au degré d'habileté qu'acquiert chaque travailleur ; 2° à l'économie du temps qui se perd naturellement à passer d'un genre d'occupation à un autre ; 3° à ce que chaque homme a plus de chances de découvrir des méthodes aisées et expéditives pour atteindre un objet, lorsque cet objet est le centre de son attention, que lorsqu'elle se dissipe sur une infinie variété de choses. » Et il cite comme exemple une fabrique d'épingles, dans laquelle chaque ouvrier est exclusivement consacré à faire une partie seulement de l'épingle.

Les choses se passent dans la société comme dans une manufacture : par la séparation des métiers et des professions, chacun s'attache à rendre à la société une seule espèce de services, et se procure par l'échange les services de ses semblables pour satisfaire l'infinie variété de ses besoins. Cette distribution de rôles a pour résultat non-seulement un emploi plus avantageux de nos facultés, mais une grande économie de capitaux. Supposez une petite peuplade composée de dix familles dont chacune, travaillant exclusivement pour elle-même, serait obligée d'exercer dix industries différentes. Il faudrait à chaque famille dix mobiliers industriels. Il y aurait dans la peuplade dix charrues, dix paires de bœufs, dix forges, dix ateliers de charpente et de menuiserie, dix métiers à tisser, etc., etc. Avec l'échange, une seule charrue, une seule forge, un seul métier pourront suffire.

Enfin, si nous considérons cette harmonie sous un point de vue plus général, nous trouverons que l'échange a pour effet de donner à l'ensemble du travail humain le caractère d'une vaste association dans laquelle chaque peuple et chaque individu apporte à la fois le contingent de ses facultés propres, et des richesses naturelles de son sol et de son climat.

En vertu de quelle loi est-il arrivé à cette puissance de développement? En vertu de cette loi que nous avons signalée dans le chapitre précédent, et qui veut que, *plus le concours gratuit de la nature se substitue au concours onéreux du travail humain, mieux l'homme est pourvu de toutes choses.* Par suite, en effet, de la différence des climats, des sols et des gisements souterrains, les matériaux et les forces que la nature met à notre disposition se trouvent inégalement et diversement répartis sur le globe. Or, les hommes se sont mis en rapport pour se procurer réciproquement la jouissance de ces libéralités de la Providence. Si la nature ne fût entrée pour rien dans la production, si le travail eût tout fait, chaque peuple, pouvant subvenir à ses besoins, eût vécu dans l'isolement. Mais Dieu n'a pas voulu qu'il en fût ainsi; il nous a rendus tributaires les uns des autres; nous verrons plus tard comment les institutions humaines se sont mises en opposition avec ses vues sages et bienfaisantes.

Les effets de l'échange sur nos facultés intellectuelles ne sont pas moins merveilleux que sur notre bien-être matériel. « Nos connaissances, dit M. de Tracy, sont nos plus précieuses acquisitions, puisque ce sont elles qui dirigent l'emploi de nos forces, et le rendent plus fructueux à mesure qu'elles sont plus saines et plus étendues. Or nul homme n'est à portée de tout voir, et il est bien plus aisé d'apprendre que d'inventer. Mais quand plusieurs hommes communiquent ensemble, ce qu'un d'eux a observé est bientôt connu de tous les autres, et il suffit que parmi eux il s'en trouve un fort ingénieux, pour que des découvertes précieuses deviennent promptement la propriété de tous. Les lumières doivent donc s'accroître bien plus rapidement que dans l'état d'isolement, sans compter qu'elles peuvent se conserver et par conséquent s'accumuler de générations en générations. »

Les deux propositions que nous avons avancées se trouvent donc rigoureusement vraies, à savoir :

Dans l'isolement, nos besoins dépassent nos facultés.

Dans l'état social, nos facultés dépassent nos besoins.

La première est vraie, puisque toute la surface de la France ne pourrait faire subsister un seul individu à l'état d'isolement absolu. La seconde est vraie, puisqu'en fait la population de cette même surface s'accroît constamment en nombre et en bien-être. Elles donnent la raison de la société ; en voici deux autres qui garantissent son perfectionnement indéfini :

Dans l'isolement, les prospérités se nuisent.

Par l'échange, les prospérités s'entr'aident.

Supposez que les hommes, condamnés à vivre dans un isolement absolu, se trouvassent multipliés tout à coup, non par la force naturelle des choses, ce qui est impossible, mais par un miracle de la Providence. Je vous défie de me dire en quoi leur grand nombre leur serait utile, puisqu'ils ne s'entr'aideraient pas. Il est facile de comprendre, au contraire, en quoi il leur serait nuisible. Ne pouvant, à cause de leur faiblesse individuelle, utiliser que la moindre partie des forces gratuites de la nature, ils seraient réduits à se disputer les chétifs moyens d'existence dont ils pourraient disposer ; l'un ne pourrait acquérir qu'aux dépens de l'autre, et cet antagonisme permanent de leurs intérêts les pousserait fatalement à s'entre-détruire.

L'échange étant au contraire le moyen d'utiliser les forces gratuites de la nature par l'union des forces et la division du travail, plus il y aura d'efforts combinés et de travaux spécialisés, plus y aura d'utilités réalisées pour l'ensemble de la communauté et pour chacun de ses membres. L'expérience, d'accord avec le raisonnement, montre en effet que chaque service *vaut* d'abord en raison de son utilité intrinsèque, ensuite en raison de ce qu'il est offert dans un milieu plus riche, c'est-à-dire au sein d'une communauté plus disposée à le demander, plus en mesure de le payer. L'artisan, le médecin, l'avocat, le négociant, le voiturier, le professeur, tirent pour eux-mêmes un meilleur parti de leurs services à Paris, à Londres, à New-York, que dans les landes de Gascogne, dans les montagnes du pays de Galles, ou dans les prairies du *Farwest*.

De toutes les harmonies qui se rencontreront sous notre plume, celle-ci est certainement la plus importante, la plus belle, la plus décisive, la plus féconde. Elle implique et résume toutes les autres. Elle tranche la question entre l'organisation naturelle et les organisations artificielles : elle résout le problème social.

C'est ce que nous démontrerons dans la *seconde partie*, lorsque nous aurons à combattre l'esprit d'aberration qui a poussé les hommes à prendre le contre-pied de vérités aussi claires, aussi triviales, si j'ose dire, que celles que nous avons signalées dans ce chapitre, et dont voici le résumé :

Le but de l'échange étant de lever ou d'amoindrir *les obstacles* qui s'interposent entre nos besoins et nos satisfactions, il atteint d'autant mieux ce but que lui-même rencontre moins d'obstacles.

L'échange s'arrête *tout naturellement* lorsqu'il cesse d'être avantageux.

Par l'échange, nos facultés dépassent nos besoins.

Par l'échange, le profit de l'un est le profit de l'autre.

CHAPITRE IV.

Valeur.

Lorsque Bastiat aborde cette importante définition de la valeur, qui lui appartient en propre, et qui rectifie en les conciliant les idées erronées ou incomplètes de ses devanciers, profondément convaincu de la justesse de sa théorie, et des conséquences décisives qu'elle doit avoir sur la manière d'apprécier les phénomènes économiques et l'organisation de notre société, il déploie toutes les ressources de son imagination pour captiver jusqu'au bout l'attention du lecteur. Car il écrit pour les gens du monde, et il sait leur répugnance à s'occuper de ces matières arides au premier aspect, attrayantes ensuite, mais en définitive d'une grande influence sur nos opinions, et par suite sur nos destinées.

Qu'on se figure, d'après cela, la perplexité d'un analyste condamné à la brièveté, ce qui veut dire à la sécheresse. Tout ce qu'il peut pour retenir l'impatient lecteur, c'est d'essayer de réveiller en lui le sentiment de la conservation, et de lui dire : « Les études sérieuses sont dans tous les temps un devoir, dans les temps d'exception une nécessité, une condition de salut public, et il n'en est pas de plus sérieuses que celles-ci. »

La théorie de la valeur est à l'économie politique ce que la numération est à l'arithmétique. Il serait aussi difficile d'apprendre les quatre règles et les proportions sans connaître les chiffres, que de comprendre les phénomènes qui se produisent au sein de la société, sans une notion claire et exacte de la valeur.

Nous la définissons ainsi :

La valeur, c'est le rapport de deux services échangés.

2.

L'idée de la valeur est entrée dans le monde la première fois qu'un homme ayant dit à son semblable : « Fais ceci pour moi, je ferai cela pour toi, » — ils sont tombés d'accord ; car, alors pour la première fois, on a pu dire : Les deux *services* échangés se *valent*. Sans l'échange, la valeur ne se serait jamais produite, et ne pourrait même se concevoir. Comment, en effet, cette idée se serait-elle présentée à l'esprit d'un homme vivant isolé et satisfaisant par lui-même et directement à tous ses besoins? La valeur ne peut donc s'appliquer qu'à une chose transmise, c'est-à-dire à un *service* qui ne peut être rendu qu'il ne soit reçu.

Une foule de circonstances influent sur l'importance relative d'un service : son plus ou moins d'utilité; le plus ou moins grand nombre de personnes qui sont disposées à le rendre ou à le recevoir ; le plus ou moins de travail, d'habileté, de temps, d'études préalables qu'il exige, et qui fait supposer le plus ou moins d'efforts qu'il épargne à celui qui le reçoit. — Car, dans l'appréciation de la valeur, il est tenu compte, retenez bien ceci, non de l'intensité de l'effort *fait*, mais de l'effort *épargné*; il est possible, en effet, qu'avec un grand effort vous ne m'en épargniez qu'un tres faible, et *vice versâ*; —enfin le jugement même que l'on porte sur son utilité ; car il arrive souvent que nous estimons très-haut un service, parce que nous le jugeons fort utile, tandis qu'en réalité il nous est nuisible.

On a jusqu'ici cherché le principe de la valeur dans l'une ou l'autre de ces circonstances qui l'augmentent ou la diminuent : matérialité, durée, utilité, rareté, travail, difficulté d'acquisition, jugement, etc., etc.; fausse direction donnée à la science, car l'accident qui modifie le phénomène n'est pas le phénomène. De plus chaque auteur s'est fait, pour ainsi dire, le parrain d'une de ces circonstances qu'il croyait prépondérante. Ainsi le principe de la valeur est pour Smith dans la matérialité et la durée, pour Say dans l'utilité, pour Ricardo dans le travail, pour Senior dans la rareté, pour Storch dans le jugement, etc., etc.

Avant de démontrer le vice de leurs définitions et les erreurs pratiques qu'elles ont engendrées, établissons par des exemples l'exactitude de la nôtre.

L'air que je respire a une grande *utilité*, et n'a cependant aucune *valeur*. Pourquoi? Parce qu'il *satisfait* le *besoin* que j'ai de respirer, sans nul *effort* de ma part ni de qui que ce soit, et qu'il ne peut y avoir valeur que là où il y a *effort échangé, service réciproque*. Il peut cependant se présenter un cas où j'aurai besoin de l'*effort* d'un autre pour respirer : c'est celui où, placé sous une cloche à plongeur, je ne communiquerais avec l'air extérieur qu'au moyen d'une pompe. L'homme qui mettra la pompe en mouvement me rendra un *service* susceptible d'être *évalué*. Mais dans ce cas, pas plus que dans le précédent, la valeur ne sera dans l'air que je respire, malgré son incontestable utilité.

Nous voyons dans cet exemple un *besoin satisfait* par le concours d'une *utilité gratuite*, l'air, et d'une *utilité onéreuse*, l'effort de l'homme placé à la pompe ; elle est *onéreuse*, en effet, puisque je ne l'obtiens qu'en rendant à celui qui me l'a procurée un service équivalent au service qu'il m'a rendu. La valeur exprime le rapport de ces deux services échangés.

Pour apaiser ma soif, je vais habituellement chercher l'eau qui m'est nécessaire. Cette eau a aussi de l'*utilité* pour moi, et point de *valeur* cependant, car je n'ai qu'à me baisser pour la prendre. Plus tard, je veux même m'épargner cette peine, et je prie mon voisin de m'apporter tous les jours ma provision ; en échange de ce service, je lui offre de faire épeler son enfant. Il accepte ; voilà un échange nouveau, une valeur créée. Cette valeur n'est pas attachée à l'eau, que la Providence continue à me fournir gratuitement comme par le passé ; elle ne résulte pas non plus du rapport des deux *besoins* et des deux *satisfactions* ; car, d'après quelle mesure comparerait-on l'avantage de boire et celui d'épeler ? Elle résulte de la comparaison des deux *efforts* réciproquement *épargnés*. Plus tard, enfin, je change mes conventions, et je paye cinq sous à mon voisin pour le service quotidien qu'il me rend. D'autres traitent avec lui aux mêmes conditions ; il se fait marchand d'eau. Alors on commence à s'exprimer ainsi : « l'eau *vaut* cinq sous. » Mais, en vérité, l'eau a-t-elle changé de nature? La valeur qui était tout à l'heure dans le service s'est-elle matérialisée pour aller s'incorporer dans l'eau et y ajouter un nouvel élément chimique ? La preuve qu'il n'en est rien et que le service seul est évalué, c'est que, si la source s'éloigne ou se rapproche, la valeur augmentera ou diminuera ; et cependant l'utilité de l'eau est restée la même. C'est donc par métonymie qu'on dit : « l'eau vaut cinq sous, » de même que l'on dit : « le soleil se couche ; » mais cette expression figurée ne change rien à la réalité des choses.

Le diamant a été jusqu'ici la pierre d'achoppement de toutes les définitions connues de la valeur. A ceux qui mettent la valeur dans le travail, on objectait que le diamant, qui a une valeur énorme, ne coûte aucun travail, puisque sa découverte est l'effet du hasard. A ceux qui mettent la valeur dans l'utilité, on répondait que cette utilité, fort contestable d'abord, était moindre, dans tous les cas, que celle de l'air, de l'eau, qui n'ont cependant aucune valeur, du fer, qui a une valeur bien inférieure.

La valeur du diamant que le hasard m'a fait trouver, est dans le *service* que je rends à un homme en *satisfaisant* sa vanité, qui est un *besoin*, peu estimable si vous voulez, en lui *épargnant* la peine d'en chercher un, qu'il ne trouverait probablement pas de longtemps. *Besoin satisfait, peine épargnée,* c'est-à-dire *service rendu*, voilà, pour l'échange d'un diamant comme pour celui d'une cruche d'eau, le fondement de la valeur. Vous ne trouverez pas dans tous les économistes une définition qui s'applique à deux cas en apparence si opposés ; ce qui prouve que leurs définitions sont fausses, ou plutôt incomplètes.

Nous pourrions appliquer celle-ci à tous les besoins de l'homme que nous avons énumérés dans le chapitre II ; nous la trouverions également exacte, bien que la satisfaction de ces besoins exige des opérations plus compliquées. Ainsi dans la valeur du pain est comprise la valeur des services rendus par le laboureur, le semeur, le moissonneur, le batteur, le meunier, le boulanger, par les ouvriers qui leur ont fourni des instruments, par ceux qui ont préparé la matière de ces instruments, etc., etc.

Au nombre de ces parties élémentaires de la valeur du pain, il en est une qui arrêtera votre attention : celle qui revient au propriétaire, et qu'on nomme la *rente de la terre*. Trompé par cette locution, qui n'est qu'une métonymie comme celle de tout à l'heure, vous croirez peut-être que le propriétaire se fait payer, non un service rendu par lui, mais l'utilité gratuite fournie par le sol ; vous vous demanderez en vertu de quel titre l'homme s'empare d'une part de rémunération qui reviendrait à Dieu, et vous conclurez avec Proudhon que *la propriété, c'est le vol*.

Les mauvaises définitions de l'économie politique conduisent en effet rigoureusement à cette conclusion, et mettent la logique du côté des communistes. Par où voyez-vous qu'une idée fausse en théorie n'est pas chose indifférente, et combien j'ai eu raison de vous dire que les plus graves intérêts de la société se trouvaient engagés dans les questions élémentaires que nous traitons ici.

Nous consacrerons un chapitre particulier à la *propriété foncière*; nous y démontrerons que cette portion de la valeur du pain, qu'on appelle improprement *la rente de la terre*, représente un service rendu par le propriétaire, aussi réel que celui du laboureur, du meunier, du boulanger; que la part d'utilité fournie gratuitement par le sol reste gratuite à travers toutes les transactions, et est donnée par-dessus le marché; que par conséquent l'exactitude de notre définition n'est nullement infirmée par ce fait spécial, qu'elle en donne au contraire une explication claire et logique.

C'est elle encore qui justifiera l'*intérêt des capitaux*, contesté aussi comme la *rente de la terre*, et qui devait l'être par des raisons analogues. Cette question sera traitée dans le chapitre *Capital*. Bornons-nous, quant à présent, à bien établir la vérité de notre définition, en continuant à la soumettre au contrôle des faits.

De même que le besoin de *manger* a déterminé les hommes à cultiver le blé, le besoin d'*échanger* les a engagés à aller chercher dans les entrailles de la terre l'or et l'argent, qui, comme nous l'avons vu, facilitent si merveilleusement les échanges. La valeur de ces métaux repose sur le même principe que celle de toutes les autres matières qui servent à la satisfaction de nos besoins. Le chercheur d'or se livre à de rudes travaux, et m'épargne la peine de m'y livrer moi-même lorsqu'il vient me proposer son or en échange de ce que j'ai produit de mon côté. Ici encore il y a réciprocité de services, et c'est par métonymie qu'on dit : « l'or *vaut* tant. »

Dans toute société, il y a des hommes préposés au maintien de l'ordre ; leur réunion constitue ce qu'on appelle la *justice* et la *force publique*. Qu'ils rendent des services à leurs semblables, cela est incontestable ; car, sans eux, nos vies seraient sans cesse compromises, nos biens exposés au pillage, nos droits violés. Ils satisfont un besoin non moins impérieux que tous ceux que nous avons examinés jusqu'ici : le besoin de *sécurité*. Ils nous épargnent la peine de nous protéger nous-mêmes ; ils ont par conséquent droit à une rémunération, à un service équivalent à celui qu'ils nous rendent. Il y a entre eux et nous réciprocité d'efforts, et par conséquent valeur créée.

C'est ainsi encore que le besoin de *délassement* provoque des efforts susceptibles d'être évalués. Le talent d'une Rachel, d'une Malibran s'impose même à un prix très-élevé ; et ce n'est pas seulement parce qu'il est rare, mais parce qu'il peut satisfaire à la fois les désirs d'un grand nombre d'auditeurs.

Terminons par ce qu'on nomme des cas exceptionnels ; ils sont l'épreuve des bonnes théories.

Voilà un missionnaire qui, pour prêcher la parole de Dieu, se contente du plus modeste salaire, et quelques bonnes âmes de la paroisse qui se cotisent pour le payer. Il y a bien ici un échange de services ; mais il y a autre chose aussi. Il y a un assaut de sacrifices : d'un côté le prêtre qui, en échange de l'immense service qu'il vient rendre, ne demande qu'un faible dédommagement ; de l'autre les bonnes âmes qui, en se chargeant du salaire, font profiter gratuitement leurs frères des fruits de la prédication. Ces sacrifices infirment-ils notre définition de la valeur? Nullement; ils prouvent seulement que, dans l'échange dont nous venons de parler, le principe sympathique s'est substitué à l'intérêt personnel. La générosité, le dévouement, l'abnégation sont des impulsions de notre nature qui, comme beaucoup d'autres circonstances, influent sur la valeur actuelle d'un service déterminé, mais qui ne changent pas la loi générale des valeurs.

Des mobiles bien différents, la faiblesse intellectuelle, la dépravation morale, produisent un effet analogue en faussant notre jugement sur la valeur des choses. Dans nos campagnes, on trouve encore des gens assez simples pour payer le fripon qui fait métier de désensorceler les gens, ou pour acheter une amulette qui donne une place au paradis; et dans les villes, hélas! n'achète-t-on pas souvent aussi fort cher un regret ou une déception?

Il me semble que la définition de Bastiat est sortie victorieuse de toutes les épreuves auxquelles nous l'avons soumise; il nous reste à montrer le côté défectueux de celles qui avaient prévalu avant lui.

On avait, comme je l'avais déjà dit, cherché le principe de la valeur dans un ou plusieurs des accidents qui exercent sur elle une notable influence : matérialité, conservabilité, utilité, travail, rareté, etc., etc. En cela on avait commis la même erreur que le physiologiste qui chercherait le principe de la vie dans un ou plusieurs des phénomènes extérieurs qui la développent, dans l'air, l'eau, la lumière, l'électricité, etc., etc. C'est ce que nous allons démontrer.

Matérialité. En disant que la valeur était communiquée à la matière, soit par le travail de l'homme, soit par l'action de la nature, on a vu dans la matière une

qualité nommée *valeur*, comme les physiciens y recon-
naissent l'impénétrabilité, la pesanteur. Les exemples
que nous avons analysés réfutent cette erreur. Dans
quelle matière, en effet, est incorporée la valeur du conseil que je reçois d'un avocat, de la leçon que me donne
un professeur, de la protection dont m'entourent la justice et la force publique? Pour répondre à cette objection, on a inventé la catégorie des *produits immatériels*;
on a matérialisé les phénomènes de l'ordre moral. On a
dit: « L'intelligence est un capital accumulé, la sécurité est
une marchandise, etc. » En s'exprimant ainsi, on a pu faire
violence au langage, mais on n'a pas empêché que, dans
beaucoup de cas, la valeur n'existât indépendamment de
la matière.

Cette confusion, insignifiante en apparence, ne conduit
à rien moins qu'à la négation de la propriété. Car, si la
valeur est dans la matière, elle se confond avec les qualités physiques des corps qui les rendent utiles à l'homme;
et comme ces qualités y sont souvent mises par la nature, il en résulte que la nature est supposée concourir à
la création de la valeur. Or qui est-ce qui reçoit la rémunération de cette portion de valeur due à la nature?
Ce n'est pas Dieu ; on ne l'a jamais vu réclamer son salaire. C'est l'homme, sans doute, le propriétaire de la
terre. Mais à quel titre? Qu'il montre sa procuration. Ces
conséquences, les économistes nous ont épargné la peine
de les déduire de leurs fausses théories : ils les ont tirées
eux-mêmes; on les trouve consignées dans tous leurs
écrits. Seulement ils justifient l'action du propriétaire
par des considérations d'utilité publique; mais d'autres
sont venus après eux, qui, plus logiques, ont dit : « Si le
propriétaire est un voleur, qu'il se retire. »

Conservabilité. Cette prétendue condition de la valeur se rattache à la précédente. Le travail du manufacturier, suivant Smith, se fixe et se réalise dans quelque marchandise vendable, *qui dure au moins quelque temps*, tandis que les services d'un domestique, d'un magistrat, s'évanouissent à mesure qu'ils sont rendus, et ne laissent pas de trace de valeur.

L'erreur de Smith est de croire que la valeur se rapporte plutôt à la modification des choses qu'à la satisfaction des besoins, oubliant que la modification n'est que le moyen, et la satisfaction le but. Quant à l'intervalle qui peut s'écouler entre l'effort et la satisfaction, il est indifférent. Conçoit-on que le service du médecin qui m'opère de la cataracte n'ait pas de valeur, parce qu'il ne dure qu'une seconde, tandis que le service de l'ouvrier qui a fabriqué le bistouri en aurait, parce que cet instrument durera plusieurs années? Cette nouvelle erreur a conduit l'école de Proudhon à contester *l'intérêt des capitaux*, comme elle avait contesté la *rente de la terre*. C'est ce que nous verrons dans le chapitre *Capital*.

Travail. La condition de la matérialité et de la conservabilité supposait nécessairement celle du *travail*, expression à laquelle nous avons substitué celle d'*effort*, comme plus générale, embrassant toute la sphère de l'activité humaine, et comprenant non-seulement les idées d'intensité et de durée, mais d'habileté, de sagacité et même de chances plus ou moins heureuses. Mais la valeur résulte-t-elle exclusivement du travail? Nullement; car, supposez un homme isolé : son travail, qui le fera vivre, aura pour lui de l'*utilité*, mais non de la *valeur*. Si l'on avait dit que la valeur résulte d'un *travail échangé*, on aurait été dans la vérité, et encore la définition eût été incomplète si l'on n'eût ajouté que la valeur s'estimait, non d'après le travail *exécuté* par le cédant, mais d'après le travail *épargné* au cessionnaire.

En effet, lorsque j'attribue une valeur élevée à un travail qui vous a coûté beaucoup de peine, c'est que, dans la plupart des cas, il m'en coûterait plus de peine, ou tout au moins autant, si je voulais le faire moi-même. Mais ce qui prouve que je tiens compte, non de la peine que vous avez prise, mais de celle que vous m'épargnez, c'est que, s'il ne me faut qu'une journée pour exécuter moi-même ou pour faire exécuter par d'autres ce qui vous en a coûté deux, j'évaluerai votre travail au prix d'une journée seulement. Dans la thèse opposée, je consens à vous payer fort cher un diamant, non à cause de la peine que vous avez prise, puisque le hasard vous l'a fait trouver, mais à cause de celle que j'aurais à me donner si je voulais en chercher un semblable. La valeur est donc proportionnelle, non au travail fait, mais *au service rendu*.

Utilité. Say est le premier qui ait secoué le joug de la matérialité, et si, en rattachant à l'*utilité* le principe de la valeur, il n'avait entendu parler que de l'utilité relative des services humains, il aurait été dans le vrai. Mais il comprenait aussi dans ce mot les qualités utiles mises par la nature dans les choses elles-mêmes. Or c'est précisément parce que l'utilité résulte en effet du concours simultané de ces deux agents, l'un travaillant à titre onéreux, l'homme, l'autre à titre gratuit, la nature, et parce que ce double concours s'exerce dans des proportions infiniment variables, que nous avons dit : L'*utilité* ne peut servir de fondement à la *valeur*. Nous allons même plus loin, et nous soutenons que ces deux idées, loin d'être identiques, sont opposées : car, plus l'utilité augmente par le concours gratuit de la nature, plus la valeur diminue. Nous renvoyons au chapitre VII le développement de cette idée et des conséquences fécondes qui en découlent.

Rareté. Senior a raison de dire que la rareté est une des circonstances qui influent le plus sur la valeur. Mais la rareté, comme le temps, la distance, la résistance de la matière, la difficulté d'exécution, etc., etc., n'est qu'un des nombreux *obstacles* qui s'interposent entre nos besoins et nos satisfactions, un des nombreux éléments dont nous sommes obligés de tenir compte dans l'appréciation d'un service rendu. Ainsi la valeur du service variera pour le laboureur suivant le degré de ténacité du sol; pour le voiturier, suivant la rapidité du transport, l'état des chemins, etc. Sans doute elle variera aussi suivant le plus ou moins grand nombre de laboureurs ou de voituriers qui s'offriront à rendre le même service; mais on voit que cette dernière circonstance n'agit pas seule. La rareté des poëles sous l'équateur, ou des éventails sous la latitude des pôles, n'en élèverait certainement pas le prix, parce que l'utilité est aussi un des ingrédients de la valeur.

Jugement. Quand il s'agit d'apprécier le rapport de deux services, il faut sans doute comparer, et par conséquent *juger.* Mais lorsque Storch a dit : « Pour créer une valeur, il faut la réunion de trois circonstances : 1° que l'homme éprouve un besoin; 2° qu'il existe une chose propre à satisfaire ce besoin; 3° que le *jugement* se prononce en faveur de l'*utilité de la chose;* donc la valeur des choses, c'est leur utilité relative; » il a commis l'erreur que nous avons réfutée en établissant la distinction fondamentale qui existe entre ces deux mots : *utilité* et *valeur.* Le jour, j'éprouve le *besoin* de voir clair. Il existe une chose propre à *satisfaire* ce besoin, qui est la lumière du soleil. Mon *jugement* se prononce en faveur de l'*utilité* de cette chose, et..... elle n'a pas de *valeur*. Pourquoi? Parce que j'en jouis sans réclamer le service de personne. Si je veux satisfaire le même besoin pendant la nuit, j'emploierai une bougie, qui a une utilité bien moindre, et qui a cependant de la valeur. Pourquoi? Parce que le fabricant de bougies ne me rendra le service de me la céder qu'en retour d'un service équivalent de ma part.

En résumé la définition de Bastiat contient tout ce qu'il y a de vrai dans celles de ses prédécesseurs, et élimine tout ce qu'elles ont d'erroné. *Matérialité* : quand le service consiste à céder une chose matérielle, nous pouvons bien, par métonymie, dire que la chose *vaut* ; mais nous ne devons pas perdre de vue, comme Smith, que la valeur est dans le service rendu à l'occasion de cette chose, mais non dans la chose même. *Conservabilité* : matière ou non, la valeur se conserve jusqu'à la satisfaction, et pas plus loin ; elle ne change pas de nature selon que la satisfaction suit l'effort de plus ou de moins près, selon que le service est personnel ou réel. *Utilité* : nous admettrons, avec Say, que l'utilité est le fondement de la valeur, pourvu qu'on convienne qu'il ne s'agit nullement de l'utilité qui est dans les choses, mais de l'utilité relative des services. *Travail* : nous admettrons, avec Ricardo, que le travail est le fondement de la valeur, pourvu qu'il s'agisse, non du travail *exécuté*, mais du travail *épargné*, c'est-à-dire du service rendu. *Rareté* : nous admettons, avec Senior, que la rareté influe sur la valeur, pourvu qu'on convienne que ce n'est pas exclusivement, mais avec le concours de toutes les autres causes que nous venons d'énumérer. *Jugement* : nous admettons, avec Storch, que la valeur résulte d'un jugement, pourvu qu'on convienne que c'est du jugement que nous portons non sur l'utilité relative des choses, mais sur l'utilité relative des services.

L'erreur qui a engendré les fausses théories que nous venons d'examiner prend sa source dans la manie commune à tous les économistes de chercher une *mesure de la valeur*. Comment ne se sont-ils pas aperçus qu'ils poursuivaient une chimère, qu'il était impossible de trouver un rapport fixe et invariable entre deux éléments si mobiles que nos besoins d'une part, et de l'autre nos moyens de les satisfaire? Nos besoins, nos désirs, nos goûts, n'ont ni borne ni mesure précise. Il en est de même de l'effort, dont l'intensité est subordonnée à la coopération perpétuellement variable de la nature et de toutes nos facultés physiques, intellectuelles et morales. Comment donner une mesure précise de l'effort, lorsque la proportion d'utilité gratuite s'y trouve si diversement combinée avec l'utilité onéreuse?

Quand il s'agit d'établir le *rapport actuel de deux services*, la monnaie remplit très-bien ce rôle, quoique la valeur des métaux précieux soit elle-même variable; car, cette variabilité affectant également les deux objets échangés, le résultat définitif n'est pas modifié. Mais ce que veut la science, ce n'est pas une solution limitée et accidentelle comme celle-ci, mais une solution générale et absolue de la question proposée, et son but, en la poursuivant, est de pouvoir comparer la richesse ou le bien-être de deux classes, de deux peuples, de deux générations.

Pour établir une comparaison semblable, il ne faut pas recourir à une *mesure de la valeur* : d'abord parce qu'il n'y en a pas; ensuite parce qu'elle ferait une réponse trompeuse, négligeant forcément un élément considérable et progressif du bien-être humain, l'utilité gratuite. Voici comment il faut procéder.

Il y a une nature de travail qui, en tous temps, en tous lieux, est identique à lui-même : c'est le travail le plus simple, le plus brut, le plus primitif, le plus dégagé de toute coopération d'utilité gratuite ; c'est, en un mot, le travail du simple journalier. Ce travail est partout le plus offert, le moins spécial, le plus homogène, et le moins rétribué. Toutes les rémunérations s'échelonnent et se graduent à partir de cette base. Pour comparer deux époques ou deux nations, il faut rechercher quel est, dans chacune d'elles, le bien-être que peut se procurer par l'échange le simple journalier, et tenir pour plus heureuse celle où d'un côté le nombre d'hommes voués au travail brut et recevant la plus petite rétribution possible va sans cesse diminuant, et où de l'autre cette rémunération, mesurée non en *valeur* ou en *monnaie*, mais en *satisfaction réelle*, s'accroît sans cesse. Le développement de cette pensée fera l'objet du chapitre suivant.

CHAPITRE V.

Richesse.

Les fausses définitions de la richesse n'ont pas donné lieu à moins de controverses, de malentendus, et finalement d'applications fâcheuses, que les fausses définitions de la valeur. La richesse est-elle exclusivement dans l'*utilité*, comme le prétend Smith? ou exclusivement dans la *valeur*, comme le prétend Say? Elle est dans l'une ou dans l'autre, suivant le point de vue auquel on se place. S'agit-il de la *richesse effective* ou *générale* : elle se mesure par la somme des *utilités* réalisées au sein de la société par le concours du travail humain et de la nature. S'agit-il de la *richesse relative* ou *individuelle*, c'est-à-dire de la quote-part proportionnelle de chacun à la richesse générale : elle se mesure par la somme des services qu'il rend, des *valeurs* qu'il crée, services et valeurs en échange desquels il prend en effet une part plus ou moins grande dans la masse d'*utilités* répandues dans la société.

Avant de signaler les conséquences fâcheuses de l'erreur qui a fait considérer le mot *richesse générale* comme synonyme de *valeur*, remontons à la source de cette erreur. Elle provient de ce qu'ici, comme dans la théorie de la valeur, on n'a pas tenu compte du concours gratuit des forces naturelles. « Les biens accessibles à tous, dit Say, dont chacun peut jouir à sa volonté sans être obligé de les acquérir, sans crainte de les épuiser, tels que l'air, l'eau, la lumière du soleil, etc., etc., nous étant donnés gratuitement par la nature, peuvent être appelés *richesses naturelles*. Comme elles ne sauraient être ni produites, ni distribuées, ni consommées, elles ne sont pas du ressort de l'économie politique. » On retrouve la même opinion chez tous les économistes.

La nôtre, au contraire, c'est que cet élément que la science a voulu mettre à l'écart est précisément celui qui doit constamment attirer l'attention de l'économiste et de l'homme d'État. Il est, du reste, aussi impossible qu'il serait irrationnel d'établir une ligne de démarcation entre l'utilité onéreuse et l'utilité gratuite. Impossible ; car elles se mêlent constamment à des doses infiniment variées. Irrationnel ; car leur combinaison s'opère dans des proportions inverses, celle-là décroissant à mesure que celle-ci progresse, et le bien-être de la société augmentant à mesure que l'une remplace l'autre. Lorsque tel produit, qui exigeait dix jours de travail, n'en exige plus qu'un, grâce à l'emploi de la vapeur, sa valeur a diminué des neuf dixièmes ; cette portion énorme de valeur anéantie passe du domaine de la *propriété* dans celui de la *communauté*, c'est-à-dire que la société tout entière jouit gratuitement des neuf dixièmes de ce genre de produit. D'un autre côté, les neuf dixièmes d'efforts humains qui ont été rendus disponibles par l'intervention de la vapeur s'attaquent à d'autres entreprises, et ainsi va s'élargissant sans cesse le cercle de nos jouissances. Ce phénomène, en un mot, donne l'explication de tous les progrès de l'humanité dans la voie du bien-être ; et l'on voudrait que l'économie politique n'en tînt aucun compte !

Voici maintenant le résultat absurde, le mot n'est pas trop fort, auquel la science a été conduite par cette exclusion. Elle en est venue à considérer *l'obstacle* comme un bienfait. Ceci vaut certainement la peine d'être expliqué.

Il n'y a de *valeur* que parce qu'il y a des *obstacles* qui s'interposent entre nos besoins et nos satisfactions ;

car la valeur résulte d'efforts réciproquement faits pour lever ces *obstacles*. Or, une fois admise l'assimilation entre la richesse générale et la valeur, on est conduit par les inflexibles lois de la logique à raisonner ainsi : « Plus il y a d'efforts humains, plus il y a de valeurs ; et plus il y a d'obstacles à vaincre, plus il y a d'efforts à faire. » Donc une nation est d'autant plus riche qu'elle a plus d'obstacles à surmonter pour satisfaire ses besoins ; donc l'humanité sera d'autant plus heureuse qu'elle aura plus de peine à se donner, plus de souffrance à s'imposer pour se procurer le bien-être ; elle sera d'autant plus malheureuse que toutes choses lui arriveront avec plus de facilité et d'abondance ; le progrès, au lieu d'être dans la substitution toujours croissante du concours de la nature au travail humain, résultera du phénomène inverse ; enfin le beau idéal du système serait que nous fabriquions l'air que nous respirons, l'eau que nous buvons, ou mieux encore que nous nous livrions à l'éternel et stérile effort de Sisyphe.

J'ai poussé cette idée jusqu'à ses conséquences extrêmes, pour en faire toucher au doigt la monstruosité ; mais l'idée elle-même, je ne l'invente pas. Lisez, par exemple, M. de Saint-Chamans ; vous l'y trouverez présentée sous ses divers aspects : anathème à l'échange, anathème aux machines, à tout ce qui nuit au **travail** humain en lui substituant partiellement le travail **de la** nature ! gloire au contraire, au luxe, à la prodigalité, à la guerre, à l'incendie même, à tout ce qui favorise le travail actuel, fût-ce par l'anéantissement du travail ancien ! car *les bienfaits du travail sont beaucoup plus dans le travail lui-même que dans ses résultats*. Nous retrouvons le même sophisme sous la plume de Sismondi, qui s'incline devant lui avec la douleur d'un cœur sincèrement dévoué à l'humanité, sous celle de Proudhon, qui l'accueille au contraire avec la joie maligne d'un esprit voué à la contradiction. Enfin nous rencontrons des *si-syphistes*, comme les a appelés Bastiat, partout, parmi les gens du monde, parmi les théoriciens, et malheureusement aussi parmi les hommes d'État. Car il est rare que les illusions de la science ne s'incarnent pas dans les faits, que les mauvais raisonnements ne se transforment pas en mauvaises lois, surtout lorsque l'intérêt personnel, illusionné lui-même, croit y trouver son profit.

Jamais, assurément, on n'eût songé à appliquer ce sophisme à l'homme isolé ; jamais on n'eût dit : « Il est fâcheux que Robinson n'ait pas rencontré plus d'*obstacles* ; car en ce cas il aurait eu plus d'occasions de déployer ses efforts : il eût été plus riche. Il est fâcheux que la mer ait jeté sur le rivage des objets utiles, des planches, des vivres, des armes, des livres ; car cela lui a ôté l'occasion de déployer ses efforts : il a été moins riche. — Il est fâcheux que Robinson ait inventé des filets pour prendre le poisson ou le gibier ; car cela diminue d'autant les efforts qu'il accomplit pour un résultat donné : il a été moins riche. »

On comprend en effet que, pour l'homme isolé, la richesse ne consiste pas dans l'intensité de l'effort pour chaque satisfaction acquise, et que c'est justement le contraire qui est vrai. Mais est-il possible que l'échange altère à ce point notre organisation individuelle, que ce qui fait la misère de l'individu fasse la richesse sociale ? L'illusion vient de ce qu'on oublie sans cesse que nous sommes tous *producteurs* et *consommateurs*, et que le premier de ces deux rôles est subordonné au second : c'est-à-dire que, si, comme producteurs, nous sommes intéressés à créer de la *valeur*, nous avons, comme consommateurs, un intérêt plus grand encore à puiser de l'*utilité* gratuite dans le réservoir commun de la société.

Par suite, en effet, de la séparation des occupations, chacun de nous voit clairement l'avantage qu'il trouve à faire élever la valeur du genre de services qu'il rend à la société. Mais ce qu'il ne voit pas aussi bien, c'est que, si dans les autres professions on en fait autant, il payera plus cher les services qu'il reçoit : qu'il s'appauvrira même dans une plus forte proportion comme consommateur, qu'il ne s'enrichira comme producteur ; car il perdra d'abord la part d'utilité gratuite qu'il aura anéantie dans ses propres produits, ensuite celle qui se trouvera anéantie dans les produits des autres. Dans cette hypothèse, qui serait celle où la société tout entière mettrait en pratique la maxime, « Les bienfaits du travail sont dans le travail même, et non dans ses résultats, » on verrait les hommes, demandant chaque jour davantage à leurs efforts et moins à la nature, resserrer de plus en plus le cercle de leurs jouissances, et se procurer, à travail égal, des jouissances de plus en plus restreintes.

Dans l'hypothèse contraire, qui est la réalité même, que se passe-t-il ? On voit chaque individu s'ingénier à diminuer son travail et à en augmenter les résultats, soit en développant son habileté, soit en usant des procédés qui mettent à son service les agents naturels. Lorsqu'il a *inventé* un de ces procédés, il l'exploite à son profit exclusif tant que son secret n'est pas connu ; après quoi sa découverte tombe dans le domaine public. S'il perd alors comme producteur le bénéfice de ce monopole, comme consommateur il a d'abord avec tout le monde sa part dans les avantages que sa découverte a procurés à la société ; il a de plus sa part de jouissance bien autrement importante de toutes les découvertes qui, comme la sienne, ont grossi jusqu'à nos jours le fonds commun de l'humanité et le grossissent sans cesse. Ce qu'il gagne de ce côté est hors de toute proportion avec ce qu'il perd de l'autre. On peut même affirmer que sa découverte n'aurait jamais existé, s'il ne s'était aidé des découvertes antérieures.

Ainsi, pour l'homme social comme pour l'homme isolé, l'obstacle est un mal. Il en est si bien convaincu que, loin de chercher à le multiplier, lorsqu'il s'agit de lui-même, il s'évertue sans cesse à le diminuer ; et si les hommes se sont élevés de l'état sauvage à la civilisation la plus avancée, c'est parce qu'ils ont mis constamment en commun, depuis le commencement du monde, le résultat des efforts que chacun de son côté a faits en ce sens. Cette tendance instinctive, universelle, ne suffirait-elle pas, en l'absence de tout raisonnement, pour faire condamner la doctrine contraire, qui *glorifie l'obstacle?*

Nous nous retrouverons aux prises, dans la *deuxième partie*, avec ce sophisme, l'un des plus accrédités, l'un de ceux qui ont le plus contribué au désordre de la société par les fausses mesures qu'il a suggérées aux législateurs de tous les temps et de tous les pays. Il a particulièrement exercé la verve satirique de Bastiat dans ses pamphlets, modèles d'esprit et de bon sens dont nous recommandons instamment la lecture.

Concluons donc que la *richesse effective* est celle qui réalise la plus grande somme d'utilités ; que la *richesse relative*, c'est-à-dire la quote-part proportionnelle de chacun dans la richesse générale, se mesure par la *valeur*.

CHAPITRE VI.

Capital.

Pour comprendre la *légitimité* et les *bienfaits* du capital, prenons-le à son état de création par l'homme primitif; suivons ensuite son développement au sein de la société, pour étudier le rôle matériel qu'il y joue et les vertus morales qu'il y fait naître.

Nous avons vu que la première pensée de l'homme isolé était d'appeler la nature au secours de sa faiblesse. Il sent la nécessité d'avoir pour cela des *instruments*, dont l'utilité sera d'autant plus grande pour lui qu'ils s'appliqueront à des actes plus souvent répétés. Il fait donc un premier calcul : il compare le temps qu'il sera obligé de consacrer à la confection de son instrument, avec celui qui lui sera épargné dans toutes les circonstances où il pourra s'en servir. Il fait entrer ensuite en ligne de compte le temps et la peine nécessaires pour se procurer les *matériaux* qui entrent dans la fabrication de l'instrument. Enfin il calcule que, tandis qu'il travaillera ainsi en vue de faciliter son travail ultérieur, il ne fera rien pour ses besoins actuels, ce qui l'obligera à accumuler des *provisions*, à redoubler par conséquent d'activité dans son travail de chasse et de pêche, et à s'imposer même quelques privations sur sa nourriture quotidienne. Au bout de tout cela, il n'aura obtenu encore qu'un instrument imparfait et grossier.

Plus tard, toutes les facilités s'accroîtront de concert : ce premier instrument lui fournira les moyens d'en fabriquer d'autres; il aura acquis lui-même plus d'expérience et d'habileté. Quand on songe que, pour faire des instruments, il faut des instruments; que, pour battre le fer, il faut du fer; quand, de difficultés en difficultés, on remonte jusqu'à la difficulté première, qui semble insoluble, on est frappé de la quantité d'efforts humains qui ont été dépensés pour chacune de nos satisfactions, et de la lenteur avec laquelle les capitaux ont dû se former à l'origine.

Instruments, matériaux, provisions, voilà donc ce que l'homme primitif appellera son *capital.*

Dans l'état social, le capital se compose également d'instruments, de matériaux, de provisions; c'est, en d'autres termes, du travail accumulé. La différence consiste seulement en ceci, que, dans l'hypothèse de l'isolement, l'homme travaille directement et exclusivement pour lui; tandis que, dans l'état social, il travaille pour les autres, et a l'option de recevoir en échange de ses services, ou des services équivalents, ou bien des titres qui lui donnent le droit de retirer ces services du milieu social quand et comme il voudra. Ces titres qui sont la monnaie, les billets de banque, les lettres de change, les obligations de toute nature, pourront représenter par conséquent tout ou partie de son capital.

Tout service, tout produit, ou leur valeur, sont ou ne sont pas capital, suivant la destination qui leur est donnée. Reçoit-on un produit pour satisfaire ses besoins courants : il rentre dans la catégorie des revenus. Le destine-t-on à produire un service nouveau, en l'appliquant, par exemple, à une opération commerciale, à une entreprise manufacturière, à une amélioration agricole : il prend le nom de capital. Cette distinction est celle que fait l'homme primitif lorsqu'il consacre une partie de son gibier à ses besoins du moment, et met l'autre en réserve pour se procurer les loisirs qu'il se propose d'employer à la confection d'un instrument.

Il n'est pas nécessaire que le propriétaire d'un capital l'utilise personnellement; il peut en céder l'usage à un autre. Et peu importe que celui-ci le consomme immédiatement comme revenu, ou le fasse fructifier comme capital : il conserve le caractère de capital relativement au cédant; car il est, à son égard, productif d'un revenu qui lui est payé par le cessionnaire sous le nom de *rente, fermage* ou *intérêt*. Ici se présente naturellement la question, si controversée de nos jours, de la légitimité de cette rente, de cet intérêt.

Cette question a dominé un instant toutes les autres. Après avoir chaleureusement disserté sur l'antagonisme prétendu du capital et du travail, après avoir imputé à la tyrannie du capital toutes les souffrances du prolétariat, le socialisme a finalement réduit toutes ses prétentions à une seule : la *gratuité du crédit*. Il est peu de sujets, en effet, sur lesquels il fût plus facile de s'égarer soi-même, d'égarer les autres, et de soulever les passions. « Est-ce qu'au bout d'un an, disait-on, vous trouverez un écu de cent sous de plus dans un sac de cent francs ? Est-ce qu'au bout de quatorze ans vos écus seront doublés dans le sac? » Puis, quel contraste plus saisissant pour l'imagination, plus irritant pour la misère, que celui dans lequel on présentait, d'un côté, le capitaliste trouvant l'abondance dans l'oisiveté, et transmettant à sa postérité la plus reculée son bienheureux talisman; de l'autre, le prolétaire rivé à la chaîne du travail et de la privation, et léguant à ses enfants sa condition de paria?

Pour repousser définitivement de si sérieuses attaques, qui ont laissé dans les esprits des traces plus profondes qu'on ne le pense, il ne suffit pas de pouvoir invoquer l'ancienneté de la possession et l'appui momentané de la force, il faut encore prouver qu'on a pour soi la justice et la raison ; car, en dehors de cela, il n'est rien de durable. La science économique se charge de ce soin ; elle établit, non-seulement la *légitimité*, mais encore l'*utilité*, 1° de la productivité des capitaux, 2° de la perpétuité des intérêts.

Le principe de la productivité des capitaux repose sur le plus équitable de tous les principes, là *mutualité des services*. J'ai rassemblé un capital, soit un matériel d'instruments aratoires. Je n'ai pu m'y prendre, pour cela faire, autrement que l'homme primitif : j'ai d'une part redoublé d'activité dans mes travaux, je me suis de l'autre imposé des privations sur mes besoins ou sur mes jouissances ; j'ai eu en vue une utilité, celle de cultiver mon champ. Mon voisin me prie de lui céder ce matériel pour un an. Si j'accède à sa demande, je suis obligé, pour m'en procurer un nouveau, de recommencer mes travaux et mes privations ; je m'impose en même temps un autre sacrifice, car, pendant ce temps, je ne pourrai labourer ma terre. Je rends, d'un autre côté, service à mon voisin, car je lui épargne la peine de se créer un matériel, et je lui procure l'utilité dont je me prive, celle de cultiver son champ. N'est-il pas juste que je lui demande un service quelconque en retour de ce service ? Il ne suffit pas qu'il s'engage à me restituer mon matériel à l'état neuf, à l'expiration de l'année ; car le délai qui s'écoule entre le jour du prêt et celui de la restitution constitue *à lui seul* un service. Pendant ce délai, en effet, il utilise mon matériel, et moi je ne l'utilise pas ; il fait fructifier son champ, et le mien reste en jachère.

Si, au lieu de m'emprunter mon matériel, le voisin m'emprunte des écus pour en acheter un, le raisonnement sera le même. Ces écus représentent des services que j'ai rendus à la société, et me donnent le droit de demander des services immédiats. C'est même ce que je ferais, si je ne les prêtais pas à mon voisin; car, les capitaux étant improductifs tant qu'ils restent dans l'inaction, je n'aurais garde de les laisser sommeiller dans ma caisse; je les emploierais en assainissements, en irrigations, où en toute autre amélioration foncière. Et ceci démontre le vice du raisonnement de ceux qui disent : « Est-ce qu'au bout d'un an vous trouverez un écu de cent sous de plus dans un sac de cent francs ? » Non, sans doute, si je laisse mon sac d'argent dans un coin; de même que, si je laissais ma charrue sous la remise, elle ne me rapporterait aucun profit. Mais, écus ou charrue, je ne me les suis procurés que pour m'en servir; et, si je les prête à un autre qui s'en servira à ma place, il me doit évidemment un service équivalent à celui que je lui rends. Je me crois donc en droit de conclure que l'*intérêt* repose sur le plus équitable des principes connus, la *mutualité des services*.

Comment peut-on dire que cette stipulation est inique? Est-ce qu'elle est imposée par la contrainte? N'est-ce pas avec une pleine liberté d'action, après avoir calculé les avantages qu'il retirera de la chose prêtée, que l'emprunteur consent à en payer l'usage? Serait-il plus juste, par hasard, qu'il retînt pour lui tout le bénéfice d'un instrument qu'il n'a pas fait? On dit que le capitaliste fait la loi à l'emprunteur. Eh bien, celui-ci n'a qu'à refuser; quel tort lui fera alors le capitaliste? Il le prive d'un instrument de travail, dites-vous! Que l'emprunteur fasse comme le capitaliste, qu'il s'en procure un par le travail et la privation. La même objection pourrait d'ailleurs être faite à toute espèce de transactions; dans toutes, la rareté de la chose offerte fait hausser les prétentions de celui qui la possède. Le remède ici, comme dans tous les échanges, est dans l'abondance des choses échangeables. Or nous verrons plus tard si ce serait le moyen de multiplier les capitaux que de les frapper de stérilité.

S'il est de la plus rigoureuse justice que mon voisin me restitue, à la fin de l'année, mon matériel *en aussi bon état* que je le lui ai livré, et m'en paye en outre la jouissance, il est clair que je pourrai le prêter aux mêmes conditions, pour l'année suivante, à un autre voisin, et ainsi indéfiniment pendant toute ma vie et pendant celle de mes descendants, tant qu'ils conserveront la propriété de ce matériel, ou, si vous l'aimez mieux, des écus contre lesquels ils l'auront échangé. Ainsi se trouve justifiée la perpétuité de l'intérêt.

Nous ne devons pas nous borner à établir la *légitimité* de l'intérêt, nous devons démontrer son *utilité*.

Et d'abord nous mettons au défi qu'on trouve une combinaison plus ingénieuse pour rémunérer les services anciens. Dans les services que nous rend une industrie quelconque, nous avons à payer des efforts faits au moment même, et des efforts antérieurs, car il n'est pas d'industrie qui fonctionne sans le secours d'un capital plus ou moins important. Ainsi la peine que prend dans la journée un porteur d'eau doit lui être payée par ceux qui profitent de cette peine. Mais celle qu'il a prise pour faire ou pour acheter sa brouette et son tonneau doit être répartie, quant à la rémunération, sur un nombre indéterminé de consommateurs, sur tous ceux à qui il fournira de l'eau jusqu'à ce que sa brouette et son tonneau soient usés. De même labourage, ensemencement, sarclage, moisson, battage ne regardent que la récolte actuelle; mais clôtures, défrichements, desséchements, bâtisses, amendements, cheptel, instruments concernent et facilitent une série indéterminée de récoltes ultérieures.

Pas de difficulté pour évaluer les efforts de la première catégorie; mais pour ceux de la seconde, par quel procédé leur rémunération sera-t-elle équitablement répartie sur tous les consommateurs d'eau ou de blé? Il n'y en a pas d'autre que l'intérêt. Soient mille francs d'amélioration foncière contribuant à produire une récolte moyenne de cinquante hectolitres de blé. L'intérêt de ces mille francs à cinq pour cent, c'est-à-dire cinquante francs, se répartiront chaque année sur la récolte, et augmenteront par conséquent d'un franc le prix de chaque hectolitre. Ce franc est la récompense légitime du service que j'ai rendu au consommateur du blé, en faisant servir à la satisfaction de ses besoins le capital de mille francs que je m'étais donné la peine de créer.

Si ce capital se détériore par l'usage, comme la brouette du porteur d'eau, il sera juste d'ajouter à l'intérêt un amortissement, afin de remplacer la brouette quand elle sera usée. En effet la masse des consommateurs représente exactement un emprunteur qui non-seulement paye un intérêt de la chose mise à son service, mais qui est obligé de la restituer *intégralement* à l'échéance. L'échéance, c'est ici la fin des services que le porteur d'eau rend avec sa brouette.

Nous avons présenté le phénomène sous sa forme la plus simple, pour le rendre plus intelligible. Nous avons supposé le producteur ajoutant au prix de son produit une somme représentative de l'intérêt et de l'amortissement de son capital engagé. Il n'en est pas tout à fait ainsi: il trouve les prix réglés sur le marché, aussi bien que l'intérêt des capitaux. C'est sur cette donnée qu'il décide de la destination de son capital. Il l'emploie au genre d'opération qui lui rembourse l'intérêt de ses avances et ses autres frais. Cette marche, qui est la vraie, arrive au même résultat.

Ceci n'est qu'un des moindres avantages attachés à la stipulation de l'intérêt. En voici d'autres.

On n'obtiendra jamais que les hommes se livrent au travail pour le seul plaisir de travailler. Otez-leur le droit de se faire payer l'usage de leurs capitaux, et vous arriverez à ce double résultat, également désastreux pour ceux qui n'en ont pas : d'abord, qu'ils ne trouveront plus à emprunter; ensuite, que tous les capitalistes, étant réduits à faire fructifier eux-mêmes leurs capitaux, en créeront moins, les consommeront, ou les laisseront inactifs. Or, comme nous le démontrerons bientôt, la cherté des produits accompagne toujours la rareté des capitaux. Ainsi s'accroîtra la misère du prolétaire sous l'influence simultanée du manque absolu d'instruments de travail, de la baisse des salaires, et de la cherté des objets de consommation. Pour donner une idée des graves conséquences qui résulteraient d'un point d'arrêt dans la formation ou dans la diffusion des capitaux, il suffit d'indiquer le rôle bienfaisant qu'ils jouent au sein de la société.

Ces bienfaits, nous les retrouvons à chaque page de l'inventaire que nous dressons ici des harmonies sociales. Ce sont les innombrables conquêtes de l'homme sur la nature. Ainsi le capital, ce tyran infâme, c'est un conquérant, mais un conquérant de la rare espèce, qui enrichit l'humanité au lieu de la fouler aux pieds; et ses bienfaits, il les prodigue non-seulement avec une abondance inépuisable, mais avec une merveilleuse variété de formes.

Si des ouvriers doivent commencer un chemin de fer dans dix ans, nous ne pouvons rassembler dès à présent le blé qui les nourrira, le lin qui les vêtira, les brouettes dont ils se serviront. Le capital se charge de pourvoir à ces dépenses futures. Il rassemble et conserve la *valeur* de toutes ces choses, en demandant à la société, en échange des services qu'il lui rend, non des services actuels, mais des titres, lesquels dans dix ans se convertiront en blé, en lin, en brouettes. Et il ne sommeille pas pendant ce temps : par l'intermédiaire des banquiers, des négociants, des industriels de toute espèce, il prête son concours à un nombre infini d'opérations, et continue encore à rendre des services.

Une autre fois, il exécutera dès à présent des travaux dont il attendra avec confiance la rémunération des générations à venir, et les titres qu'il émettra pour représenter ces valeurs, quoique payables à une longue échéance, circuleront de main en main et rendront les mêmes services que des titres échus et actuellement réalisables. Le lecteur me dispensera, je pense, d'énumérer ici toutes les merveilles qu'enfante le crédit.

On a dit du capital, pour le maudire : *Vires acquirit eundo;* mais c'est en le bénissant qu'on aurait dû signaler cette puissance d'accroissement qui semble obéir à la loi des vitesses. Tout capital qui se forme laisse, en effet, disponible une certaine portion de travail humain à laquelle il a substitué le travail de la nature, et on lui en fait un grief, sans considérer qu'il rend en même temps disponible une portion équivalente de rémunération qui va encourager de nouvelles entreprises. Or c'est là précisément le secret de la faculté indéfinie d'expansion dont il est doué !

C'est par là aussi que le capital est devenu le plus puissant instrument de civilisation et d'*égalisation* qui soit sorti des facultés humaines. En effet, étant admis que tout accroissement de capital est suivi d'un accroissement de bien-être général, j'ose poser comme axiome, quant à la distribution du bien-être, l'axiome suivant :

A mesure que les capitaux s'accroissent, la part ABSOLUE *des capitalistes dans les produits totaux augmente, et leur part* RELATIVE *diminue; au contraire les travailleurs voient augmenter leur part dans les deux sens.*

Ainsi, tandis que le prélèvement du capital descendra successivement de cinquante à quarante, à trente-cinq, à trente pour cent, celui du travail s'élèvera dans la même proportion de cinquante à soixante, à soixante-cinq, à soixante-dix pour cent; en sorte que les quatre périodes nous présenteront les résultats suivants :

	Produit total.	Part du capital.	Part du travail.
1re période	1000.	500.	500
2e période	2000.	800.	1200
3e période	3000.	1050.	1950
4e période	4000.	1200.	2800

La démonstration de cette proposition se divise en deux. Il faut d'abord prouver que la part relative du capital va diminuant sans cesse. Ce ne sera pas long, car cela revient à dire : *Plus les capitaux abondent, plus l'intérêt baisse;* vérité parfaitement connue, et dont voici les conséquences. Les capitaux concourent à la fabrication de tous les produits; le prix de ces produits est grevé du loyer des capitaux. Or, si le loyer descend de dix pour cent, qui est-ce qui perdra ces dix pour cent? Le capitaliste. Qui est-ce qui les gagnera ? Le travailleur, s'il vend son produit au même prix qu'auparavant, ou le consommateur, si le prix du produit a baissé dans cette proportion. Or, comme nous l'avons vu, les qualités de producteur et de consommateur se confondant dans tous les individus, la part *relative* de ceux-ci aura augmenté dans la proportion même où la part *relative* du capitaliste a diminué.

Il me reste à prouver que la part *absolue* du capital s'accroît sans cesse, et ma démonstration se borne à ceci. Un homme a plus de rentes avec deux cent mille francs à quatre pour cent, qu'avec cent mille à cinq pour cent ; il en est de même d'une nation et de l'humanité tout entière. Mais peut-il arriver que l'intérêt descende de cinq à deux pour cent, quand la masse des capitaux est doublée, de telle sorte que l'homme qui avait cinq mille francs de rente avec un capital de cent mille, n'en aurait plus que quatre mille avec un capital de deux cent mille ? Cela est impossible, parce que les capitalistes auraient un moyen bien simple, et fort doux en même temps, de relever l'intérêt : ce serait de manger une partie de leurs capitaux, et d'en diminuer ainsi l'abondance. C'est assez dire qu'une pareille anomalie ne peut se produire. Quant à la part *absolue* du travailleur, elle s'élèvera dans une proportion plus forte que celle du capitaliste ; car c'est lui qui profitera de tout l'excédant de bien-être produit par l'abondance des capitaux, sauf la part prélevée par le capitaliste.

Ainsi la grande loi du capital et du travail en ce qui concerne le partage de la collaboration est déterminée ; et elle est, comme on le voit, à l'avantage du travail, qui bénéficie dans les deux sens.

Dans la guerre injuste et passionnée dirigée contre le capital, il est un sophisme qui a eu un certain retentissement. Il a été suggéré par l'observation du phénomène que nous venons de décrire : la baisse de l'intérêt, proportionnelle à l'abondance des capitaux. On a dit : « Puisque l'intérêt se rapproche de zéro à mesure que la société se perfectionne, il atteindra zéro quand elle sera parfaite. En d'autres termes, ce qui caractérise la perfection économique, c'est la *gratuité du crédit*. Abolissons donc l'intérêt, et nous aurons atteint le dernier terme du progrès. »

La réponse est la même que celle que nous faisions tout à l'heure aux conséquences exagérées qu'on voudrait tirer, quant au taux de l'intérêt, de l'abondance des capitaux. Dire que l'intérêt s'anéantira, c'est dire qu'il n'y aura plus aucun motif d'épargner, de se priver, de former de nouveaux capitaux, ni même de conserver les anciens. En ce cas, la dissipation ferait immédiatement le vide, et l'intérêt reparaîtrait.

Il arrivera pour le prêt ce qui arrive pour tout autre genre de transaction. Grâce au progrès industriel, une paire de bas qui valait six francs n'a plus valu successivement que quatre, trois, deux francs. Nul ne peut dire jusqu'à quel point cette valeur descendra ; mais ce qu'on peut affirmer, c'est qu'elle ne descendra jamais jusqu'à zéro, à moins que les bas ne finissent par se produire spontanément. Pourquoi ? Parce que le principe de la rémunération est dans le travail comme dans le prêt. Si l'on ne payait pas les bas, on cesserait d'en faire, et, avec la rareté, les prix ne manqueraient pas de reparaître.

« Vous nous montrez sans cesse, dira-t-on, l'homme sous son triste côté, mû toujours et partout par l'intérêt personnel. Le voilà maintenant arrêtant, par calcul, la marche ascendante du progrès au moment même où il atteint son terme le plus désirable, la gratuité du bien-être. » J'ai déjà dit ce que je pensais du sentimentalisme absurde qui dicte de semblables accusations. Je ne fais pas ici de la morale, je fais de l'économie politique. Je présente l'homme tel qu'il est, tel que Dieu l'a fait, et je me permettrai de dire que Dieu a eu raison de le faire ainsi ; car il a mis en lui le mobile le plus énergique, le plus persévérant qui pût lui être donné pour le porter à vaincre la répugnance naturelle qu'il éprouve pour l'effort, pour la peine, pour la fatigue. J'ajouterai même que l'intérêt personnel exercera une salutaire influence, non-seulement sur son bien-être matériel, mais sur son développement moral.

Vous semblez croire qu'il ne faille que de l'égoïsme, que de l'avidité, pour créer des capitaux. Vous aurez raison quelquefois, lorsque vous étudierez l'homme au sein d'une organisation faussée, où tous les principes fondamentaux de sa nature ont été méconnus, où la liberté a été constamment paralysée, tandis que l'esprit de spoliation, de ruse, de jeu, d'aventure, d'agiotage, était encouragé. Mais pouvez-vous argumenter contre les principes d'un état de choses fondé sur l'oubli des principes eux-mêmes ? Et cependant, même dans une société ainsi déraillée, à plus forte raison dans une société normale, il est des vertus morales qui se développent sous l'aiguillon de l'intérêt personnel.

Les yeux sont éblouis par l'éclat soudain de ces fortunes gagnées à pile ou face, ou par un tour de gobelet ; et ils ne voient pas celles qui s'élaborent goutte à goutte dans l'ombre des familles. Le nombre de celles-ci est cependant hors de toute proportion avec les autres. Parcourez nos campagnes : voyez ces maisonnettes qui de tous côtés semblent pousser de terre comme des champignons ; ces modestes héritages, enclos de haies et de fossés, qui donnent au paysage l'aspect d'un échiquier. Essayez de nombrer cette pépinière de capitalistes, d'additionner toutes ces petites fortunes, et vous verrez ce que sont, en comparaison, celles de tous vos *faiseurs* réunis.

Après avoir admiré la prodigieuse dépense d'activité que cet état de choses révèle, refléchissez aussi aux qualités morales qui ont concouru à le produire. *Prévoyance, intelligence, ordre, frugalité, esprit de famille*, sans toutes ces vertus réunies rien de cela n'existerait. L'homme ne capitalise que parce qu'il se préoccupe de l'avenir ; parce qu'il sacrifie à cet avenir ses jouissances présentes ; parce qu'il résiste à l'entraînement des passions, à l'aiguillon de la vanité, aux caprices de l'opinion toujours si partiale envers les caractères insouciants et prodigues ; parce qu'il préfère ses enfants à lui-même ; parce qu'il est poussé par une généreuse abnégation à acheter par des privations personnelles le bien-être, l'instruction, l'indépendance, la dignité de ces êtres chéris qui le remplaceront sur cette terre.

Élevés à une pareille école, ceux-ci continueront, pour la plupart, l'œuvre et les traditions paternelles. Ils y apporteront une plus grande puissance d'action, d'abord parce que les capitaux appellent les capitaux, ensuite parce que l'intelligence se développe sous l'influence du bien-être, et que, par une réaction inévitable, l'aisance grandit à son tour par le concours de l'intelligence.

Ainsi ont été créés ces *loisirs* qui vous offusquent. Vous leur seriez moins hostiles si vous étiez remontés jusqu'à leur point de départ, et surtout si vous vous étiez rendu compte des services que la société en retire. De tout ce que nous avons dit jusqu'ici résulte en effet cette vérité, qu'au point de vue matériel, *la civilisation, c'est la nature conquise*. Or, des deux forces qui ont concouru à la soumettre au joug de l'homme, la force musculaire et la force intellectuelle, laquelle a le plus puissamment contribué à ce résultat ? Serait-ce la première ? Le bœuf a plus de force que l'homme ; qu'a-t-il inventé, qu'a-t-il créé depuis le commencement du monde ? D'autre part qu'a été le rôle de la force musculaire chez Galilée, chez Pascal, chez Newton ? Certes, nous n'entendons verser le dédain sur aucune de nos facultés, sur celle-là surtout dont l'exercice est le plus rude, le plus douloureux ; toutes ont concouru à l'œuvre de la civilisation, mais dans des proportions diverses. Ce que nous voulons dire seulement, c'est qu'à l'intelligence appartient le premier rôle, et qu'à elle, par conséquent, revient la première part dans la reconnaissance de l'humanité.

Or, pour que l'homme puisse faire travailler son esprit, il faut que ses bras se reposent, et il a droit aux loisirs du corps, non-seulement parce qu'il les a achetés par des travaux antérieurs, mais encore parce qu'il les utilise au profit de ses semblables. Vous m'objecterez que le nombre est bien restreint, de ceux qui entendent ainsi leurs devoirs ; que l'oisiveté studieuse est à l'oisiveté stérile dans une affligeante proportion d'infériorité. Je reconnais cela, et j'en gémis avec vous. Mais pourquoi, me dis-je, tant d'intelligences qui avortent, pour quelques-unes seulement qui fructifient ? Ne serait-ce pas, dans l'ordre moral, un mystérieux phénomène semblable à celui que nous constaterons plus tard dans l'ordre matériel ? Lorsqu'en parcourant la forêt, je trouve sous mes pas le sol jonché de glands, dont un au plus sur cent mille germera et élèvera dans les airs sa végétation vigoureuse ; lorsque je rencontre partout le même phénomène, partout les germes répandus avec une incroyable et stérile profusion, je m'incline devant les desseins de Dieu, et je n'en bénis pas moins le chêne qui, seul entre tous ses frères mort-nés, a été choisi pour nous donner son ombrage.

CHAPITRE VII.

Propriété, communauté.

Les sciences d'observation sont de loin en loin révolutionnées par la découverte d'un fait qui rectifie sur des points importants, les observations antérieures, et ouvre à l'esprit d'investigation des horizons nouveaux ; ainsi fit la découverte des lois de l'attraction. Bastiat a opéré en économie politique une révolution de ce genre, et le fait qu'il a découvert, c'est la *transmission gratuite de l'utilité fournie par la nature*. Ce fait était capital, car il touchait aux bases même de l'échange ; or la société tout entière repose sur l'échange ; ces deux mots sont synonymes dans la langue économique. L'appréciation de tous les phénomènes sociaux se trouvait donc changée par cette découverte ; les contradictions résultant d'observations mal faites étaient expliquées ; la science allait marcher à la clarté du jour, et l'*harmonie* était trouvée.

Les études que nous poursuivons ont pour unique objet de vérifier, en l'appliquant aux diverses fonctions de la vie sociale, la justesse de cette observation fondamentale. De même qu'elle nous a donné la clef du principe de la *valeur*, du principe de la *richesse*, de l'action légitime et bienfaisante du *capital*, elle va nous donner celle du principe de la *propriété* considérée dans son sens le plus absolu, et plus tard de la *propriété foncière*.

La possession des choses donne lieu à trois ordres de faits qui se limitent et qui s'excluent réciproquement : *communauté*, *propriété*, *spoliation*. Nous nous occuperons, dans ce chapitre, des deux premiers, renvoyant à la *deuxième partie* l'examen du dernier ; car, si nous parlons ici des attaques dirigées contre la propriété, ce sera seulement de la guerre théorique, infiniment moins dangereuse et moins acharnée que la guerre pratique, que la *spoliation* érigée en système et mise en action.

Nous prenons le mot *propriété* dans son sens le plus absolu : nous désignons par ce mot la *propriété des services*, qui est le résultat de la propriété des bras, des facultés, des idées et des capitaux, de l'activité humaine, en un mot, envisagée à son point de vue le plus général et dans ses applications les plus diverses.

Nous devons préciser aussi le sens que nous donnons au mot *communauté*. Nous entendons par là la jouissance en commun des biens qui nous sont fournis *gratuitement* par la Providence et qui ne peuvent donner lieu par conséquent à aucun service, à aucune transaction, à aucune propriété. C'est, comme on le voit, l'opposé de *communisme*, qui est la *propriété collective*, la jouissance en commun des services qui se rendent *à titre onéreux*. Entre ces deux idées, il y a toute l'épaisseur, non-seulement de la propriété, mais encore du droit, de la liberté, de la justice, et même de la personnalité humaine, comme nous le démontrerons plus tard.

Lorsqu'il s'agit d'examiner une vérité dans son rapport avec des faits divers, il est utile de la rappeler à chaque application nouvelle. C'est pourquoi nous inscrivons ici une fois de plus celle dont nous étudions le rôle prépondérant.

Un homme jouit GRATUITEMENT *de toutes les utilités fournies par la nature, à la condition de prendre la peine de les recueillir, ou de payer par un service équivalent le service de ceux qui prennent cette peine pour lui.* (Exemple du marchand d'eau, au chapitre de la *valeur*).

Il y a là deux faits combinés, fondus ensemble quoique distincts par leur essence. Il y a les dons naturels, les matériaux gratuits, les forces gratuites : c'est le domaine de la *communauté*. Il y a de plus les efforts humains consacrés à recueillir ces matériaux, à diriger ces forces, efforts qui *s'évaluent* et s'échangent : c'est le domaine de la *propriété*. Communauté et propriété sont donc deux idées corrélatives à celles de *gratuité* et *onérosité*, ou bien encore à celles d'*utilité* et *valeur*.

Toutes les attaques dirigées contre la propriété n'ont eu d'autre fondement que la perpétuelle confusion qu'on a faite entre ces deux ordres d'idées. Car, si l'on avait bien compris que les dons naturels n'étaient jamais *appropriés*, que les services seuls l'étaient, la propriété eût fermé la bouche à ses détracteurs les plus obstinés en leur disant : « Existe-il pour vous un principe plus certain, une légitimité plus respectable que celle de la *mutualité des services?* Eh bien, je suis la consécration vivante de ce principe, je suis le résultat de deux services échangés, et je ne suis pas autre chose. »

Malheureusement ce ne sont pas ses adversaires seuls, mais ses défenseurs eux-mêmes, mais l'école économiste tout entière qui a vu dans la propriété autre chose que le résultat d'un échange de services. Amis et ennemis se sont trouvés d'accord pour dire : que les agents naturels étaient *appropriés* comme les services ; que la *valeur* d'un produit se composait de ce que Dieu et les hommes y avaient mis ; que le propriétaire se faisait payer nonseulement son propre travail, mais encore celui de son haut et puissant collaborateur.

Nous avons déjà combattu cette erreur, et démontré que l'*utilité* était dans les dons de la nature, et la *valeur* dans les services humains. Il nous reste à établir que la *valeur* seule tombe dans le domaine de la *propriété*. Nous invoquerons pour cela le raisonnement et l'expérience.

Le raisonnement d'abord. Comment irais-je acheter d'un homme, moyennant une peine, ce que je puis, sans peine ou avec une peine moindre, obtenir de la nature? La chaleur du soleil est complétement dépourvue de valeur, parce qu'elle n'est pas le produit d'un effort humain, aussi n'appartient-elle à personne, ou plutôt elle appartient à tout le monde. La chaleur d'un poêle est tout aussi bien dépourvue de valeur que celle du soleil ; mais le service de l'homme qui a recueilli le combustible et fait le poêle a une valeur incontestable : aussi constitue-t-il une propriété échangeable. — Je n'achète pas la glace en hiver, je l'achète en été. Pourquoi ? Parce qu'en hiver je n'ai qu'à me baisser pour en prendre, tandis qu'en été je dois payer la peine de celui qui l'a emmagasinée et conservée. Ainsi voilà une même chose qui est ou qui cesse d'être une propriété, suivant l'intervention ou l'absence d'un service humain. Quelle autre preuve puis-je vous donner de cette vérité que le fondement de la valeur, et par suite de la propriété, est dans le service seul ?

Si j'interroge l'expérience, l'opinion commune, elle me fera la même réponse. Lorsqu'on dresse l'inventaire des *propriétés* d'un homme, tient-on compte de l'utilité ou de la valeur ? Voilà un habit et un tableau : ce que le notaire mentionne dans son acte ce n'est pas l'utilité de ces deux objets, mais leur valeur, qui est ici l'inverse de leur utilité. Et quand l'opération est terminée, quand le public connaît le total des valeurs portées au bilan, il dit d'une voix unanime : voilà ce dont l'héritier est *propriétaire.*

Quelque important que soit le point que je discute, je n'y insiste pas davantage ; car, si je suis parvenu, comme je l'espère, à vous convaincre, lecteur, qu'en payant la mouture d'un sac de blé, vous n'avez payé que les services du meunier et de celui qui a fait son moulin, sans avoir donné une obole pour la force du vent, vous pouvez poser en toute sûreté de conscience l'axiome suivant: La propriété n'est pas le vol.

La *communauté* ne pouvait trouver des détracteurs; mais elle a rencontré des incrédules : ce n'est qu'en prouvant son existence que nous avons justifié la propriété. Il faut voir maintenant quelle place elle occupe au sein de la société, dans quel rapport elle s'y trouve combinée avec la propriété, à quel mouvement d'action et de réaction ces deux éléments sont respectivement soumis. En décrivant ce phénomène, nous ne ferons que compléter le tableau de la première de toutes les harmonies sociales, de celle sur laquelle nous avons eu constamment les yeux fixés jusqu'ici.

Nous avons dit tout à l'heure : *La civilisation, c'est la nature conquise.* Nous allons maintenant mesurer du regard l'étendue de cette conquête, non point dans ses innombrables détails, il faudrait une encyclopédie pour cela, mais dans son mouvement d'expansion continue et dans son résultat final. Or voici ce que nous voyons : le domaine de la communauté, c'est-à-dire de la gratuité, s'étendant sans cesse à la fois dans le *sens absolu* et dans le *sens relatif*; et le domaine de la propriété, c'est-à-dire de l'onérosité, lui cédant le terrain qu'elle envahit, se rétrécissant par conséquent de plus en plus dans le *sens relatif*, pour conquérir un terrain nouveau et s'étendre lui-même dans le *sens absolu*. En d'autres termes nous trouvons, d'une part, une proportion toujours croissante d'utilité gratuite dans chaque chose, et une masse également croissante d'utilités gratuites dans l'ensemble des choses; d'autre part, une proportion toujours moindre d'utilité onéreuse dans chaque chose, et cependant une masse toujours plus grande d'utilités onéreuses dans l'ensemble des choses.

L'explication de ce dernier fait est dans l'expansion indéfinie de nos besoins et de nos désirs. A mesure que l'activité humaine se trouve remplacée sur un point par la bienfaisante nature, poussée par l'aiguillon de l'intérêt personnel, elle cherche avec inquiétude un aliment nouveau, et ne tarde pas à le trouver. Car l'âme humaine, au point de vue de ses besoins, de ses désirs, de ses caprices, est un abîme sans fond. Non-seulement elle est insatiable de jouissances nouvelles, mais de raffinements dans les jouissances déjà conquises. Il faudrait faire l'inventaire de la civilisation tout entière, pour avoir une idée complète de cette lutte intéressante entre l'homme et la nature, lutte dans laquelle l'homme s'enrichit par ses défaites, et qu'il recommence, sans se lasser jamais, dans des régions toujours nouvelles. Contentons-nous de citer quelques faits et quelques chiffres.

J'ai dit ailleurs que, pour comparer deux époques sous le rapport du bien-être, nous devions prendre le travail le plus brut, la journée du simple manouvrier, et voir combien, aux deux époques, il fallait de journées semblables pour procurer la même satisfaction. C'est le procédé que je vais employer pour mesurer les progrès de la communauté sur la propriété.

Je prends un homme tel qu'il était au départ de l'humanité, sans expérience, sans instruments de travail, sans vêtements, sans abri, en présence d'un sol couvert de forêts, de ronces, d'eaux stagnantes, infesté d'animaux nuisibles. Dire qu'il lui faudrait deux années pour produire un hectolitre de blé ne serait certainement pas exagéré. Aujourd'hui un manouvrier se procure cet hectolitre de blé avec l'équivalent de quinze journées de travail. La proportion est donc comme 600 est à 15. Et cette différence n'a d'autre cause que la substitution des matériaux et des forces naturelles au travail des bras. Ainsi l'humanité tout entière a bénéficié 585 sur 600, le fonds commun et gratuit s'est accru, le fonds approprié et onéreux s'est restreint dans cette énorme proportion.

Après avoir de la sorte diminué progressivement ses efforts pour satisfaire tous ses besoins les plus impérieux, l'homme s'est-il croisé les bras? Ainsi, après avoir substitué successivement au transport de l'homme, la bête de somme, puis le traîneau, puis la charrette, puis la voiture légère et rapide; après avoir successivement tracé, nivelé, pavé les routes, il était parvenu à faire transporter, pour l'équivalent de deux journées de travail, ce qui au début lui aurait coûté trois cents journées de fatigue. S'est-il arrêté, après cet immense progrès? Non; le trajet qu'il n'exécutait qu'en une année, et qu'il avait réduit graduellement à quelques journées, il a voulu le faire en quelques heures, et il y a réussi. Calculez maintenant la masse énorme de travail humain qui a été anéantie, depuis le transport ou le voyage à pied, jusqu'au transport par chemin de fer; faites, si vous le pouvez, le même calcul pour toutes les branches de l'activité humaine; tenez compte en même temps du nombre infini de besoins nouveaux qui sont nés, et de moyens qui ont été créés pour les satisfaire : et vous comprendrez toute la beauté du phénomène économique, dont nous ne pouvons vous donner ici qu'une idée imparfaite. Vous verrez le travail humain prendre dans son ensemble un accroissement prodigieux, tout en se restreignant cependant relativement à chaque service rendu ; vous verrez, d'un autre côté, le concours gratuit de la nature grandir dans les deux sens, dans l'ensemble et dans les détails.

Vous comprendrez alors ce que n'ont pas compris les théoriciens modernes, lorsqu'ils ont dit que, le domaine de la communauté envahissant sans cesse le domaine de la propriété, *celle-ci était destinée à périr* ; vous comprendrez que les désirs de l'homme qui sont indéfinis, ouvriront éternellement à la propriété des voies nouvelles, à mesure qu'elle sera contrainte de reculer dans les voies anciennes.

Il est un dernier aperçu, qui ne peut manquer de vous frapper : c'est que l'admirable loi, que nous venons de décrire, en agissant sur le sens du bien-être, agit en même temps dans celui de l'égalité.

L'inégalité entre les hommes, relativement à la propriété, est la conséquence inévitable de la différence de leurs aptitudes, et elle ne blesse point la justice, puisqu'elle a pour cause l'intensité des efforts, l'importance des services. Eh bien ! cette inégalité, l'extension incessante du concours gratuit de la nature, sans pouvoir jamais parvenir à l'effacer entièrement, tend cependant à l'atténuer de plus en plus. Il est en effet une règle mathématique bien connue, qui est celle-ci : L'inégalité relative de deux nombres inégaux s'affaiblit, si l'on ajoute à chacun d'eux des nombres égaux. La différence entre 2 et 4 est de moitié. Ajoutez 8 à chacune de ces deux sommes, et vous avez 10 et 12, dont la différence n'est plus que d'un sixième. Faisons l'application de cette loi à deux situations inégales.

Supposez l'hectolitre de blé équivalant à 100 journées de travail. La condition comparée du pauvre et du riche présentera une inégalité révoltante. Avec le travail de toute l'année, le pauvre aura tout juste de quoi manger du pain; il ne lui restera rien pour ses autres besoins : il sera condamné à périr faute d'abri, de vêtements, de combustible, etc., etc. Le riche, que nous supposerons avoir une aisance six fois supérieure, c'est-à-dire pouvant disposer de deux mille journées de travail, pourvoira à ses besoins les plus impérieux, mais à rien au delà ; car le prix des autres produits se sera équilibré avec celui du blé. Cependant le capital intervient ; il fait concourir dans une plus forte proportion les forces naturelles à la production du blé dont le prix descend à seize journées de travail, et il agit de même sur les autres produits. Le pauvre se trouve alors dans la situation où était le riche tout à l'heure : il a six fois plus d'aisance, il peut acheter six fois plus de choses; à son tour, il satisfait entièrement ses besoins de première nécessité. Quant au riche, il consacrera probablement son excédant de revenu à se procurer du superflu. L'inégalité subsiste toujours, mais elle n'a plus le caractère révoltant qu'elle avait dans la première période. Supposez encore un progrès nouveau, et le pauvre passe à son tour du nécessaire au superflu ; tandis que le riche passera du confortable au luxe, et le plus souvent à l'épargne, et créera de nouveaux capitaux, qui concourront eux-mêmes à l'accroissement du bien-être général.

J'ai supposé l'augmentation du bien-être exerçant une influence égale sur le pauvre et sur le riche. Mais rappelez-vous ce que nous avons dit, au chapitre *Capital*, sur la loi naturelle qui régit la répartition de ce bien-être, et qui en attribue une part beaucoup plus considérable au travailleur qu'au capitaliste. Il en résulte que l'inégalité de leur condition respective s'effacera dans une progression infiniment plus rapide.

Ainsi se trouve vérifiée cette noble pensée de Bastiat,

dans la confession de foi qui ouvre le livre des *Harmonies économiques* : « Je crois, non d'une foi soumise et aveugle, car il ne s'agit pas du domaine mystérieux de la révélation, mais d'une foi scientifique et raisonnée, comme il convient à propos des choses laissées aux investigations de l'homme... je crois que l'invincible tendance sociale est une approximation constante des hommes vers un commun niveau physique, intellectuel et moral, en même temps qu'une élévation progressive et indéfinie de ce niveau. »

Demandez cela au communisme ; comment vous le donnera-t-il ? En substituant le mobile du point d'honneur ou de la fraternité au mobile de l'intérêt personnel, c'est-à-dire en prenant le point d'appui du levier en dehors de l'homme ; en substituant, dans la rétribution, l'égalité à la proportionnalité basée sur les aptitudes et les efforts ; en substituant le jugement des tiers au jugement de chacun dans l'évaluation des services ; en substituant la contrainte à la liberté ; en substituant le sentiment énervant de l'esclavage au fier sentiment de l'indépendance. Il vous donnera en effet l'égalité, mais l'égalité dans la misère au lieu de l'égalité dans le bien-être.

CHAPITRE VIII.

Propriété foncière.

L'intervention des agents naturels n'est nulle part aussi sensible, aussi prépondérante que dans l'industrie agricole. Aussi la confusion entre l'utilité et la valeur, entre la participation de la nature et celle de l'homme, était-elle plus facile là qu'ailleurs. La propriété foncière devait donc être contestée la première. Ce n'est que plus tard, et comme conséquence logique, qu'on a accusé le capital d'exploiter aussi le genre humain à son profit, et de se faire payer la force du vent, de l'élasticité, de la gravitation, etc., etc. D'ailleurs nul monopole ne pouvait se présenter avec un caractère plus révoltant que celui qu'on supposait s'appliquer aux choses les plus nécessaires à la vie. Enfin la spoliation par voie de conquête a joué en Europe un si grand rôle dans la possession du sol, qu'on a pu perdre aisément de vue la naturelle et légitime formation de la propriété.

Nous avons dit que toutes les écoles s'étaient trouvées d'accord sur le principe, et qu'elles n'avaient différé que sur la conclusion. Les économistes ont dit : La propriété (du sol) est un *privilége* ; mais il est nécessaire, il faut le maintenir. Les socialistes ont dit : La propriété (du sol) est un *privilége* ; mais il est nécessaire, il faut le maintenir en lui demandant une compensation (le droit au travail). Les communistes et les égalitaires ont dit : La propriété (en général) est un *privilége*; il faut l'abolir.

Nous prétendons que ces conclusions diverses partent toutes d'un principe faux ; que ce qu'on appelle par métonymie *la propriété du sol* ne constitue pas un privilége ; que c'est une propriété en tous points semblable aux autres ; qu'elle s'applique exclusivement à des services rendus, et nullement à des agents naturels.

Il se passe, en effet, dans la production du blé qui apaise notre faim, quelque chose d'analogue à ce qu'on remarque dans la formation de l'eau qui étanche notre soif. La Providence prend dans l'immense réservoir de l'Océan l'eau qu'elle amène jusqu'à nos pieds par une admirable série de transformations. Vaporisée par les rayons du soleil, tantôt elle retombe en rosée et vient alimenter nos sources, tantôt elle se solidifie à la cime des hautes montagnes, se liquéfie de nouveau, et, entraînée par son poids sur la déclivité du sol, elle vient arroser nos plaines. L'utilité se manifeste seule dans cet ingénieux travail de la nature ; la valeur n'apparaît qu'avec le travail de l'homme, lorsque l'un d'eux consacre son temps et ses efforts à aller puiser l'eau à la source pour la mettre à la portée de notre main.

Les choses se passent absolument ainsi dans la production du blé. « Là aussi, antérieurement à l'industrie humaine, il y a une immense, une incommensurable industrie naturelle, dont la science la plus avancée ignore encore les secrets. Des gaz, des sels sont répandus dans le sol et dans l'atmosphère ; l'électricité, l'affinité, le vent, la pluie, la lumière, la chaleur, la vie sont successivement occupés, souvent à notre insu, à transporter, transformer, rapprocher, diviser, combiner ces éléments ; et cette industrie merveilleuse, dont l'utilité et l'activité échappent à notre appréciation et même à notre imagination, n'a cependant aucune valeur. Celle-ci n'apparaît encore qu'avec la première intervention de l'homme, qui a dans cette affaire, autant et plus que dans l'autre, un travail *complémentaire* à accomplir. »

Ce travail, comme nous l'avons dit ailleurs, est de deux sortes : celui qui se rapporte immédiatement et directement à la récolte de l'année, et celui qui concourt à une série indéterminée de récoltes successives, bàtisses, dessèchements, défrichements, clôtures, cheptel, matériel, etc., etc. Ce qu'on appelle improprement la *rente de la terre* n'est autre chose que l'intérêt de ces dernières avances. Ici commencent les objections; j'emprunterai pour les discuter la forme du dialogue [1].

Le communiste. — Quoi ! vous voulez que je vous paye l'intérêt d'avances faites depuis plus de mille ans peut-être ! Combien de fois n'ont-elles pas été remboursées ? Et puisque vous vous dites subrogé aux droits de vos nombreux devanciers, c'est vous qui, en bonne justice, me devriez la restitution de ce qu'ils ont pris de trop, en faisant payer cent fois ce qui n'aurait dû être payé qu'une à mes devanciers, au nom desquels j'ai le droit de me présenter aussi.

Le propriétaire.—Je ne vous demande pas l'intérêt du capital avancé par les défricheurs du sol, mais l'intérêt du capital que j'ai tiré de ma poche en achetant cette terre.

Le communiste.—Eh morbleu ! tant pis pour vous, si vous avez acheté un droit qui n'existait plus.

Le propriétaire. — Ce droit n'a jamais cessé d'exister ; et si vous voulez m'écouter avec un peu plus de patience, je vais vous le démontrer.

Parmi les travaux exécutés par les premiers occupants, il en est un qui n'a jamais été remboursé : c'est celui du défrichement. Il n'a jamais été soumis à la loi de l'amortissement, parce que sa durée devait être éternelle, grâce

---

[1] Je me suis permis, dans le reste du chapitre, de changer le plan, et en partie aussi les arguments, de Bastiat, tout en restant fidèle aux principes qu'il a posés.

a la culture annuelle qui protége le sol contre le retour des plantes parasites. Cette dépense-là a produit et produira légitimement un intérêt perpétuel, par les raisons que j'ai dites au chapitre *Capital*.

Toutes les autres dépenses ont été bien des fois remboursées par le jeu de l'amortissement, comme vous le prétendiez tout à l'heure ; mais elles ont été prêtées de nouveau par mes devanciers aux vôtres, ou, si vous l'aimez mieux, employées de nouveau à leur profit, et c'est pour cela qu'elles ont continué à produire intérêt, et qu'elles en produiront jusqu'à la consommation des siècles, à la seule condition que l'amortissement, perçu en même temps que l'intérêt, soit affecté à rétablir les travaux dans leur état primitif à mesure qu'ils se détruisent. C'est un point que je crois avoir également établi dans le susdit chapitre.

Le communiste. — Je prends condamnation sur l'intérêt, si vous parvenez à me prouver que vous ne demandez rien au delà de cet intérêt et de la rémunération de votre travail annuel.

Le propriétaire. — Je pourrais, remontant jusqu'à l'époque du défrichement, vous montrer l'état du sol dans cette première période ; les difficultés qu'il y avait à vaincre pour convertir en terre arable une forêt vierge, une terre aride ou marécageuse ; l'imperfection des instruments, l'ignorance de ces rudes pionniers, l'absence de sécurité, etc., etc. Mais ce tableau serait trop long, et, quelles que fussent mon exactitude et ma bonne foi, vous m'accuseriez peut-être de le charger. Je pourrais encore faire passer sous vos yeux la comptabilité des cultivateurs aventureux qui, dans notre pays, sous nos yeux, entreprennent un défrichement de forêt ou de lande, et vous auriez une idée de ce que cela coûte, même de nos jours, avec des instruments perfectionnés, des voies de communication bien établies, une sécurité parfaite et une expérience consommée.

Mais je veux un exemple plus imposant, plus décisif, celui d'un continent tout entier sortant laborieusement du chaos sous les yeux émerveillés de la génération actuelle. Traversons l'Atlantique, faisons une courte visite à la république des États-Unis. Notre temps ne sera pas perdu : ce voyage sera instructif pour nous, non-seulement sur le point que nous discutons en ce moment, mais sur d'autres dont j'aurai l'occasion de vous entretenir plus tard.

Puisque vous êtes si désireux d'être propriétaire, vous pourrez l'être ici sur la plus grande échelle, avoir des hectares par centaines, ce qui vous vaudra certainement mieux que la moitié du petit lopin que vous me convoitez. Vous aurez tout cela gratis; car le prix infiniment minime auquel le gouvernement vous le vendra, ne sera que la juste rétribution du service qu'il se charge de vous rendre en protégeant votre personne et vos biens. Mais que dis-je? vous n'en voudrez même pas à ces conditions, et voici pourquoi.

Vous remarquerez, en effet, que de nombreux capitaux prennent cette direction, et fructifient d'autant mieux que les planteurs, grâce au perfectionnement des voies de communication et au développement qu'a pris la marine américaine, ont la facilité d'écouler leurs produits non-seulement en Amérique, mais sur les principaux marchés de l'Europe, avantage que n'avaient pas, soit dit en passant, nos grands aïeux les Gaulois. Mais vous remarquerez autre chose aussi : c'est que les capitaux engagés dans les autres industries du pays prospèrent tout autant, quelquefois mieux. Il est donc probable que vous préférerez le confortable d'une boutique ou d'un comptoir à New-York, à la hutte sauvage élevée de vos mains et perdue dans l'immense solitude des forêts.

Quel que soit, du reste, le parti que vous prendrez, et que j'ai peut-être tort de préjuger, voici certainement les réflexions que cette comparaison vous suggèrera : « Si les détenteurs du sol, vous direz-vous, faisaient « payer quelque chose en sus de l'intérêt de leurs capi- « taux, s'ils vendaient à leur profit, comme je l'ai cru « jusqu'ici, ce qu'ils reçoivent gratuitement de la nature, « le mystérieux travail des sels, des gaz, de l'humidité, « de la chaleur, de l'électricité, etc., etc., ils feraient de « bien meilleures affaires que leurs compatriotes des « villes, qui ne reçoivent, eux, que le prix de leur travail. « Et cependant il n'en est rien. Et la preuve qu'il n'en est « rien, c'est que tout le monde ne court pas à la forêt; « c'est que les marchands ne quittent pas leur boutique, « les négociants leur comptoir, les ouvriers leur atelier : « ce qui ne manquerait certainement pas d'arriver si, « avec le travail de ses bras et de ses capitaux, on pou- « vait vendre en même temps le travail de quelqu'un qui « ne demande pas de salaire, le travail de Dieu. Ce n'est « pas la terre qui manque ; car la vallée du Mississipi « pourrait seule nourrir 300 millions d'habitants, et il « n'y en a que 26 millions dans toute l'Union améri- « caine. Aurais-je donc été, jusqu'à ce moment, dupe « d'une illusion ?

« Je remarque bien que, dans quelques États, le prix « des terres est plus élevé qu'il ne l'était dans l'origine; « mais c'est là seulement où les routes et les canaux sont « plus multipliés, et il est de toute justice que le gouver- « nement se rembourse sur le prix de la terre de ces « avances qui profitent directement à la terre. Cette cir-

« constance ne change donc rien à l'état de la question.
« Décidément ma théorie était fausse ; le propriétaire ne
« vend rien au delà de ses services. »

Le communiste. — Un instant, je ne lâche pas prise
si aisément. Je ne saisis pas bien le point où pèche votre
raisonnement ; mais je suis certain qu'il est défectueux,
car voici un fait qui le met au néant. Soient deux hectares
de terre, l'un d'alluvion, l'autre de lande ; le premier a
exigé trois fois moins d'avances que le second et rapporte
trois fois plus. De deux choses l'une : ou le propriétaire
est un voleur, parce qu'il vend la fertilité naturelle du sol ;
ou il est un usurier en exigeant un intérêt scandaleux de
ses avances.

Le propriétaire. — Il n'est ni l'un ni l'autre. Il n'est
pas voleur d'abord. Voici deux navires chargés de houille,
partant à égale distance de deux points opposés. L'un a le
vent favorable, l'autre par conséquent a le vent contraire.
Le premier arrive huit jours plus tôt que son concurrent,
et vend son chargement vingt-cinq pour cent plus cher que
lui. Direz-vous que l'armateur est un voleur, parce qu'il
a vendu la force du vent ? Vous n'émettrez pas une pareille absurdité. Vous reconnaîtrez tout simplement qu'il
s'est trouvé, grâce à cette force naturelle qui l'a mieux
secondé que son concurrent, en mesure de profiter d'une
circonstance favorable : la rareté de la marchandise.

Des circonstances de ce genre se présentent tous les
jours dans les affaires, et c'est dans l'influence légitime
qu'elles exercent sur les prix, que je trouverai la réponse
à votre accusation d'usure. Un industriel fonde une
manufacture, en prenant pour base de son calcul les
prix actuels, qui le rémunèrent de ses peines, de l'intérêt et de l'amortissement de ses avances. Au bout de
quelques années, survient une circonstance qui fait

hausser tout à coup le prix de ce genre de produits, et qui porte de six à douze pour cent l'intérêt de son capital engagé. Le traitera-t-on d'usurier parce qu'il profite de cette hausse?

C'est ce qui est arrivé relativement au fait dont vous parlez. Les premiers défricheurs se sont naturellement adressés aux sols les plus fertiles, et, tant qu'on n'a exploité que des terres de cette espèce, ils n'ont reçu que la stricte rémunération de leurs peines et de leurs capitaux. Plus tard, l'accroissement de la population a obligé de s'attaquer à des terres d'une fertilité moindre. Les nouveaux défricheurs, ayant plus de peine et moins de produit, ont élevé le prix des denrées de manière à rentrer dans leurs avances; les précédents défricheurs ont profité de cette hausse. Veuillez me dire pourquoi un bénéfice de ce genre, qu'on regarde comme très-légitime pour le manufacturier ou le négociant, ne le serait pas pour l'agriculteur. Notez, du reste, qu'il n'a duré qu'un temps relativement très-court. Celui qui a acheté la terre de l'heureux occupant l'a payée plus qu'elle n'avait coûté à son vendeur; en sorte qu'il se trouve dans la même situation que le détenteur d'une terre médiocre : s'il en retire un produit triple, il l'a achetée trois fois plus cher. Dans la vallée de la Garonne, aussi bien que dans la Lande, la rente du propriétaire ne dépasse pas trois pour cent.

Le communiste. — En supposant que j'admette la légitimité du revenu, je conteste formellement la légitimité de la *possession indéfinie.* De quel droit, pour utiliser vos bras ou vos capitaux, vous êtes-vous emparé de cette force naturelle et la retenez-vous aussi longtemps qu'il vous plaît? N'ai-je pas le droit de m'en servir aussi?

Le propriétaire. — Me contestez-vous le droit que

j'exerce sur la vapeur enfermée à cette heure dans ma chaudière? Croyez-vous avoir le droit d'ouvrir le robinet et de m'en prendre la moitié, *même en payant ma peine et mon combustible ?*

Le communiste. — Non, parce que j'en puis trouver ailleurs.

Le propriétaire. — Et n'y a-t-il pas des terres ailleurs?

Le communiste. — Elles sont bien loin.

Le propriétaire. — C'est un inconvénient, j'en conviens. Mais la question est de savoir s'il n'y aurait pas pour vous un inconvénient pire à ce que les terres qui vous entourent ne fussent pas appropriées. Permettez-moi donc de vous montrer le bien que vous fait la propriété, avant de vous dire le mal que vous ferait son absence.

Ce que rapporte l'industrie propriétaire et ce que vous lui enviez, c'est, je l'ai déjà dit, un revenu moyen de trois pour cent pour le propriétaire rentier, de quatre pour cent pour le propriétaire cultivateur, en tenant rigoureusement compte du prix de ses journées au taux habituel. Connaissez-vous beaucoup d'industries qui retirent un aussi mince intérêt de leurs capitaux? Et que rend-elle à la société en retour de ces modestes avantages?

Ce n'est pas assez de dire que la valeur du sol n'est créée aux dépens de qui que ce soit et ne nuit à personne; il faut ajouter qu'elle profite à tout le monde. Ce capital engagé qui a créé la valeur du sol, et dont la rente vous est si odieuse, a pour effet de diminuer, dans une proportion incomparablement supérieure à la rente que vous payez, les objets de consommation qu'il vous livre.

Exemple.

Un champ a besoin d'être assaini. Si je me condamne à aller en retirer l'eau tous les jours avec un vase, j'y consacrerai un temps considérable, dont j'aurai le droit de demander le dédommagement à l'acheteur de la récolte. Si je creuse un fossé, qui me coûtera bien d'abord quelque peine, mais qui écoulera les eaux pendant plusieurs années, l'intérêt de la valeur que j'aurai créée sera inférieur dans la proportion peut-être d'un à cent à la rétribution qui m'était due dans le premier cas. Il en sera de même de toutes celles que je créerai ; car elles auront pour résultat de substituer les forces naturelles aux forces humaines.

Le propriétaire aurait un moyen bien simple de cesser d'être, comme vous le dites, un monopoleur et un voleur : ce serait de combler ses fossés, pour recommencer la manœuvre du vase ; de détruire ses clôtures, pour monter la garde autour de son champ ; de détruire le puits, la grange, le chemin, la charrue, le nivellement, l'humus artificiel ; de replacer dans les champs les cailloux, les plantes parasites, les racines d'arbres, les animaux nuisibles ; de réaliser, en un mot, le programme de l'utopie égalitaire. Le sol, et le genre humain avec lui, sera revenu à l'état primitif ; les récoltes n'auront plus rien à démêler avec le capital, avec cet élément maudit ; tout, absolument tout se fera par le travail actuel, visible à l'œil nu. La France fera vivre un homme par lieue carrée. Tout le reste aura péri d'inanition ; mais on ne pourra plus dire avec les économistes, les socialistes ou les communistes : « La propriété est un monopole nécessaire, une illégitimité utile, ou un vol audacieux. »

Le communiste. — Il est bien loin de notre pensée de vouloir pousser les choses jusque-là. Nous croyons, au contraire, la propriété collective plus apte que la propriété individuelle à remplir cette grande fonction sociale que nous avons appelée la gestion du sol.

Le propriétaire. — Vous n'iriez pas jusque-là, je vous l'accorde ; mais vous iriez, sans le vouloir, jusqu'à la moitié du chemin. Je vous ai dit très-sommairement, à la fin du dernier chapitre, les raisons sur lesquelles ma conviction à cet égard est fondée. Je m'en tiens là, ne me sentant pas l'envie de pousser plus loin cette triste démonstration, qui d'ailleurs a été faite par de plus courageux que moi.

CHAPITRE IX.

Concurrence.

Concurrence et *liberté* sont synonymes. Comment donc se fait-il que les plus chauds amis de la liberté aient été, dans ces derniers temps, les plus ardents adversaires de la concurrence ; qu'ils l'admettent comme une nécessité dans l'ordre politique, et qu'ils la rejettent comme un danger dans l'ordre économique ; qu'ils se confient au libre arbitre de l'homme, sous la double garantie de la responsabilité et de la solidarité, lorsqu'il s'agit de la gestion de ses intérêts collectifs ; et qu'ils s'en défient, au contraire, au point de lui préférer la contrainte, lorsqu'il s'agit de la gestion de ses intérêts individuels ?

En supprimant, d'ailleurs, la concurrence dans chacune des branches de l'activité humaine, ils ne pourraient empêcher qu'elle ne subsistât entre ces branches diverses, et ils la porteraient même par là à un plus haut degré de puissance. Je sais bien qu'ils veulent avoir aussi raison de celle-ci en constituant l'*association intégrale,* c'est-à-dire en soumettant le travail et l'échange, dans leur ensemble, à une direction unique ; mais l'unité économique et l'unité politique, ardentes aspirations de l'humanité, que l'avenir ne peut manquer de réaliser, seront un bienfait ou un fléau suivant qu'elles seront fondées sur l'absolutisme ou sur la liberté. Or dépouiller l'individu de la faculté de diriger son activité comme il l'entend, d'évaluer ses services, d'en débattre le prix, ce serait de l'absolutisme pur. La compensation qu'on lui offre de le faire participer à la gestion des affaires communes, ne le dédommagerait pas de la perte des plus précieux de tous ses droits, le droit individuel ; le mobile par lequel on voudrait le conduire, la sympathie ou le point d'honneur, ne remplaceraient jamais celui que la nature a mis au premier rang dans son cœur, l'intérêt personnel ; enfin la substitution d'un arbitrage, quel qu'il fût, à celui de sa propre raison, n'offrirait pas plus de garanties d'infaillibilité.

Mais pourquoi, après tout, anéantir la personnalité humaine ? « Parce que, disent les absolutistes de toutes les écoles, tous les maux viennent de là. » Comme si tous les biens n'en venaient pas aussi, et ne devaient pas nécessairement l'emporter sur les maux ! Consolante vérité, dont nous poursuivrons obstinément la démonstration jusqu'à la dernière page de cet écrit, et dont le chapitre actuel fournira une preuve de plus.

Nous avons vu dans l'intérêt personnel une force indomptable qui nous pousse d'abord à chercher le progrès, ensuite à le monopoliser. Nous allons montrer dans la concurrence une force non moins indomptable qui arrache le progrès, à mesure qu'il se réalise, des mains de l'individualité, pour en faire l'héritage commun de la grande famille humaine. Ces deux forces, qu'on peut critiquer quand on les considère isolément, constituent dans leur ensemble, par le jeu de leurs combinaisons, l'harmonie sociale. Voyons donc maintenant agir la concurrence.

Les dons de Dieu, qui sont le patrimoine de l'humanité tout entière, peuvent être monopolisés soit par une *possession* naturelle et directe, soit par la découverte de *procédés* qui enseignent à les utiliser, soit par le secours des *capitaux* qui fournissent à l'homme le moyen de s'en emparer. Nous allons montrer le monopole succombant dans ces trois hypothèses à l'action dissolvante et continue de la concurrence.

1º Nous avons dit ailleurs comment l'échange était né de l'inégale répartition des dons de Dieu sur la surface de la terre. Mais il est aisé de comprendre que, sans la loi de la concurrence, cette inégalité eût amené une inégalité correspondante dans la condition des hommes. Chaque peuple eût été porté à se prévaloir des avantages particuliers de son sol et de son climat pour rançonner les autres peuples. C'est même ce qui a été fait à l'origine, et ce qui arrive toutes les fois que le hasard amène la découverte de richesses nouvelles sur quelque point du globe. Mais ce monopole n'est pas de longue durée. Le travail se précipite là où l'appellent les gros bénéfices, et il continue d'y affluer jusqu'à ce que la valeur de ses produits se soit progressivement nivelée avec celle de tous les autres produits, c'est-à-dire jusqu'à ce que les dons naturels soient rentrés dans le domaine de la communauté. Ainsi l'homme, en poursuivant son intérêt propre, rencontre sans le savoir, sans le vouloir, l'intérêt général : l'inégalité n'est qu'un aiguillon qui le pousse malgré lui vers l'égalité. N'est-ce pas là l'une des plus belles intentions finales du mécanisme social ?

S'il est donc vrai que les diverses nations du globe soient amenées par la concurrence à n'échanger entre elles que du travail, que de la peine de plus en plus nivelée, et à se céder réciproquement *par-dessus le marché* les avantages naturels que chacune d'elles a à sa portée, combien ne sont pas aveugles celles qui repoussent législativement les produits étrangers, sous prétexte qu'ils sont à bon marché, c'est-à-dire précisément parce qu'ils renferment une grande proportion d'utilité gratuite! L'examen de cette question reviendra dans la *seconde partie* de nos études, à laquelle elle appartient comme l'une des plus graves causes perturbatrices.

2° C'est en vertu de la même loi que les *procédés* qui utilisent ces forces naturelles, après avoir été pendant un temps le *monopole* de l'inventeur, subissent une période d'*imitation* qui fait baisser graduellement leur valeur, et passent finalement à l'état de *diffusion* qui en fait profiter la société tout entière. Il n'est pas un seul des procédés aujourd'hui vulgarisés, depuis les machines les plus compliquées jusqu'aux plus modestes outils, qui n'ait parcouru ce cercle.

3° Il ne suffit pas que les forces naturelles existent, et que des procédés soient inventés pour les utiliser ; il faut encore des *capitaux* pour appliquer ces découvertes. Eux aussi obéissent à l'attraction irrésistible du profit sur le travail. Ils se multiplient et se font concurrence. La preuve de ce fait est dans la baisse constante de l'intérêt à mesure que la civilisation progresse et que la sécurité augmente.

En présence de ces résultats, qui semblent à l'abri de toute contestation, comment expliquer la guerre acharnée qui a été faite dans ces derniers temps au *laisser faire* et au *laisser passer?* Le voici. On a divisé la société en deux classes : les *capitalistes* et les *prolétaires*. On a fait remarquer que la situation de ces derniers était essentiellement précaire ; que, vivant au jour le jour, ils étaient condamnés à travailler, sous peine de mort, à quelque condition que ce fût, à la différence des capitalistes, qui, pouvant attendre, sont en mesure de faire la loi ; que, par leur nombre toujours croissant et la concurrence qu'ils se font entre eux, les prolétaires étaient réduits à subir cette loi, qui ne s'arrêtait qu'à la limite extrême, l'abaissement des salaires au niveau de ce qui est rigoureusement nécessaire pour vivre.

Il y a beaucoup de vrai, beaucoup trop de vrai dans

cette assertion. Mais le mal qu'on signale est-il la conséquence nécessaire de cette organisation sociale dont nous
croyons avoir démontré l'harmonie parfaite, ou bien des
perturbations que les hommes ont introduites dans le plan
de la Providence? Notre conviction inébranlable est que
l'homme seul est ici coupable; et nous croyons que le
lecteur partagera notre conviction, s'il a le courage d'aller jusqu'au bout; car c'est de l'ensemble de ces études
que sortira la solution de la question du paupérisme,
qu'on a nommée avec raison le *problème social*.

Il est cependant une observation justificative qui trouve
sa place ici ; c'est qu'on s'attache trop exclusivement à
ne voir dans le prolétaire qu'un producteur, et qu'on oublie qu'il est en même temps consommateur. Bien que ce
dernier rôle soit subordonné à l'autre, en ce sens que,
pour pouvoir acheter, il faut d'abord vendre, l'avantage
est cependant de son côté, puisque,-par le bon marché,
le producteur ne perd que sur son propre travail, tandis
qu'il bénéficie sur le travail de tous les autres. La preuve
que l'influence exercée par la concurrence sous ce dernier rapport est plus importante qu'on ne le suppose,
résulte de la comparaison entre la condition du prolétaire
à notre époque, et sa condition dans les temps antérieurs.
Il est impossible de ne pas y voir un accroissement de
bien-être, nonobstant les institutions vicieuses qui entra-
vent les transactions et contrarient l'équivalence des services. Amélioration d'autant plus remarquable que l'affranchissement du travail ne date, après tout, que de la
fin du dernier siècle, et qu'il a eu à traverser, depuis,
une succession continue de révolutions et de guerres.

Le prolétaire, de nos jours, est plus sensible aux privations et plus impatient du fardeau, parce que son
intelligence, plus éclairée, lui permet d'entrevoir le but

élevé vers lequel marche l'humanité, et les moyens qui doivent l'y conduire. Il ne croit plus, comme le prolétaire d'autrefois, qu'il y ait dans la société des classes éternellement vouées à la souffrance : le sentiment de l'égalité et de la dignité personnelle a réveillé dans son âme une légitime ambition. Cette révolution morale, qui afflige et effraye certains esprits, doit réjouir les hommes qui ont foi dans le progrès, car ils y voient un puissant véhicule. Seulement ils doivent retenir les esprits sur la pente glissante des illusions, montrer que le but qui semble quelquefois si près est encore bien loin ; que Dieu a mis à la conquête du progrès une condition avec laquelle on ne transige jamais impunément, le temps et la patience ; que, si la souffrance est née de perturbations apportées dans les lois naturelles de la société, le remède n'est pas dans de nouvelles et de plus graves perturbations ; que, si la contrainte et la violence ont fait tout le mal, la liberté seule peut le réparer.

Ce n'est pas seulement dans les rapports du capital et du travail, c'est dans l'ensemble des transactions sociales, dans la rivalité de toutes les branches de l'industrie, enfin dans les relations de peuple à peuple, qu'on s'est attaché à mettre en relief le dommage que la concurrence cause à la *production*, sans tenir compte du bien infiniment plus grand qu'elle fait dans le sens de la *consommation*. De là est né le déplorable sentiment des rivalités industrielles et nationales, l'axiome que nous avons déjà réfuté ailleurs : *La richesse des uns fait la misère des autres*. Avons-nous besoin de répéter que, si les *avantages naturels* de situation, de fertilité, de température, et les *avantages acquis* de richesse accumulée et d'aptitude industrielle, ne font que glisser sur les producteurs, à cause de la concurrence qui s'établit entre eux, et tournent exclusivement au profit des consommateurs, il n'est aucune industrie, aucun pays qui ne soit intéressé à l'avancement de tous les autres; que la solidarité s'étend aux maux comme aux biens; que les fléaux qui frappent nos voisins nous appauvrissent par contre-coup, puisqu'ils arrètent l'écoulement de nos produits? Le jour où cette vérité fondamentale aura pénétré dans les esprits, l'humanité aura fait un pas immense dans la réalisation du bien-être universel. Aussi y reviendrons-nous dans le chapitre *De la liberté des échanges,* qui n'est qu'une continuation de celui-ci.

CHAPITRE X.

Association.

Ce mot a occupé une grande place dans les plans de
rénovation sociale dont on a bercé les esprits. On a voulu
prouver que, si l'homme n'obéissait qu'au mobile de l'intérèt individuel, le résultat de ses efforts serait purement
individuel aussi; en conséquence, à la devise *Chacun pour
soi*, on a triomphalement opposé la devise plus large,
plus généreuse en apparence, *Chacun pour tous*. On a dit
que la première avait pour principe l'égoïsme, et pour effet
la division et l'antagonisme ; tandis que la seconde repo-
sait sur le principe de la sympathie, et devait aboutir à
l'union et à la fraternité. On a cherché, pour la mettre en
pratique, des formules d'association destinées à remplacer
la société actuelle. Peine bien inutile, en vérité ; car l'organisation naturelle concilie ces deux maximes et en réalise
l'application à un degré de perfection que n'atteindraient
certainement jamais les organisations artificielles.

Si les vérités que nous avons exposées ont été bien comprises, il en résultera en effet, pour les esprits les plus
prévenus, cette conclusion : que l'homme, en travaillant
pour lui-même, travaille en même temps pour les autres ;
que, si *Chacun pour soi* est le mobile, *Chacun pour tous*
est le résultat ; que l'intérèt personnel n'est qu'un instrument, instrument accompli, imaginé par la Providence
pour réaliser l'intérèt général. Si vous doutez de ceci,
tournez un moment vos regards sur vous-mème. Est-ce
que vos travaux n'ont pas pour objet la satisfaction d'autrui ? et, d'un autre côté, n'est-ce pas au travail d'autrui
que vous devez toutes vos satisfactions ? Et, chose plus

merveilleuse encore, vous travaillez avec ardeur au bien-être de vos semblables, non pas seulement par une impulsion volontaire, mais souvent aussi malgré vous, comme nous l'avons démontré au précédent chapitre. Il résulte de tout ceci que, grâce à la combinaison ingénieuse de la division du travail et de l'échange, l'humanité tout entière constitue l'association la plus imposante qu'il soit donné à l'esprit de concevoir.

Nous ne voulons pas dire que cette association universelle exclue les associations partielles formées en vue d'un objet déterminé. En faisant ressortir les avantages de celles-ci, nous relèverons les appréciations erronées auxquelles elles ont donné lieu.

Au nombre des bienfaits dus à l'esprit d'association, il en est un, trop peu remarqué, sur lequel nous croyons devoir insister.

Les hommes aspirent avec ardeur à la fixité. A part quelques individualités inquiètes et aventureuses pour lesquelles l'aléatoire est une sorte de besoin, les hommes pris en masse aiment à être tranquilles sur leur avenir, à savoir sur quoi compter, à pouvoir disposer d'avance tous leurs arrangements. Ils se montrent toujours prêts à réduire leurs prétentions, ou même à sacrifier des avantages acquis, pour atteindre cette fixité, qui cependant semble incompatible avec la nature de l'homme et de ses travaux.

Reportez-vous, en effet, à un état social primitif. Vous ne pourriez faire comprendre à un peuple de pêcheurs ou de chasseurs, qu'à mesure qu'il progressera il échappera à l'incertitude, aux variations qu'apportent dans ses moyens d'existence l'inconstance des saisons et tant d'autres éléments impossibles à décrire. La civilisation a cependant accompli ce nouveau miracle. Elle est parvenue à établir une sorte d'assurance entre tous les lieux et tous les temps; de telle sorte que l'aléatoire, qui était l'état normal dans l'origine, est devenu l'exception. Ce progrès a été dû à une grande science, que j'appellerai *statistique expérimentale*, dont l'application nous frappe dans certaines transactions, comme celle des assurances contre l'incendie, tandis que nous ne la discernons pas dans les autres transactions humaines.

Ainsi, par amour de la fixité, de la sécurité, un certain nombre de propriétaires s'assurent mutuellement contre l'incendie ; c'est-à-dire qu'ils tiennent en réserve une quote-part de leur revenu pour se garantir réciproquement contre la perte totale de leur fortune. Il reste cependant encore quelques inquiétudes dans leur esprit, parce que les sinistres peuvent tout à coup dépasser les prévisions ordinaires. Mais un tiers se présente, et consent à prendre à sa charge toutes les éventualités, moyennant une prime fixe. Ce tiers a basé ses calculs sur les observations statistiques qui établissent la moyenne annuelle des sinistres. L'association n'en subsiste pas moins, car ce sont toujours les primes qui servent à payer les sinistres; seulement les assurés se sont déchargés sur un tiers du soin de gérer l'association ; et si celui-ci exige d'eux une prime plus forte que celle qu'ils s'imposaient dans la première hypothèse, ce n'est là qu'une juste rémunération de la peine qu'il consent à prendre et du supplément de responsabilité qu'il assume sur lui. Le mécanisme n'a pas tardé à se perfectionner encore : les compagnies se sont assurées entre elles par des réassurances, et l'institution est ainsi arrivée à ce degré de puissance et d'universalité qu'il n'est donné d'atteindre qu'à l'association libre et volontaire.

La fixité obtenue par l'association aux risques est moins

apparente dans d'autres transactions, mais n'en est pas moins réelle. Le *salariat,* contre lequel on a tant déclamé, est né d'une convention analogue à celle que nous venons de décrire. Avant de démontrer que les inconvénients qu'on lui reproche sont le résultat de circonstances étrangères à sa forme même, établissons qu'il constitue un véritable progrès sur le mode d'association primitive qui apparaît à l'origine de la société. Il a, en effet, introduit dans la collaboration humaine deux éléments précieux : *La fixité de situation* et *l'unité de direction.*

Il n'y a pas d'entreprise possible sans le concours d'un travail antérieur et d'un travail actuel, et par conséquent sans la participation aux risques de ces deux associés, le capital et le travail. Mais à mesure que les opérations se sont compliquées, une double tendance s'est manifestée. D'une part le capital a aspiré à diriger seul l'entreprise dans laquelle ses risques étaient plus grands que ceux de son associé. D'autre part le travail, qui vit au jour le jour, qui ne peut subir la lenteur des opérations à long terme, qui peut encore moins supporter les pertes accidentelles, a aspiré à un mode stable de rémunération. Il lui a été facile de déterminer par un traité à forfait sa part de bénéfices, en prenant une moyenne sur le résultat des entreprises conduites en commun. Ainsi est né le salaire. L'association n'a pas été détruite par ce changement; on a continué d'unir ses efforts et d'en partager les produits ; le capital a pris, avec l'unité de direction, la charge de tous les risques et la compensation de tous les profits extraordinaires, et le travail, par la stipulation d'un salaire, s'est assuré les avantages de la fixité.

D'autres fois, la convention s'est établie en sens inverse. Le travail a dit au capital : « Tu es entré pour

20,000 francs dans l'association ; tu as eu, pour ta part dans les bénéfices, une année 500 francs, une autre année 1500 francs. Prenons la moyenne : je te donnerai 1000 francs par an, et te dégagerai de tout risque, à condition que je dirigerai seul l'entreprise. »

Comment a-t-on pu dire que cet état de choses était dégradant pour l'humanité, que la dépendance dans laquelle il plaçait les travailleurs équivalait à l'esclavage des temps anciens? A-t-il été imposé, comme l'esclavage, par la violence et la conquête, ou procède-t-il d'un libre débat? On prétend, je le sais, que le capitaliste se prévaut des avantages de sa position pour réduire la part du travailleur; mais cet abus n'a pas pour cause le mode de rémunération lui-même ; il se produit également dans l'association directe. Les pêcheurs, les vignerons, les métayers, dans le midi de la France, sont à la part, et leur condition n'est pas meilleure.

Qu'on travaille à écarter les circonstances qui entretiennent les exigences du capital, et l'on y parviendra en faisant rentrer la société dans ses voies normales : je le comprends. Mais qu'on préfère au mode actuel de répartition le système primitif de répartition directe, c'est ce que je ne puis admettre. « Ces sortes de stipulations, le *salaire* et l'*intérêt*, sont une des plus merveilleuses manifestations comme un des plus puissants ressorts du progrès. Elles sont à la fois le couronnement, la récompense d'une civilisation fort ancienne dans le passé, et le point de départ d'une civilisation illimitée dans l'avenir. Si la société s'en fût tenue à cette forme primitive de l'association qui attache aux risques de l'entreprise tous les intéressés, les quatre-vingt-dix-neuf centièmes des transactions humaines n'auraient pu s'accomplir; celui qui aujourd'hui participe à vingt entreprises aurait été enchaîné pour toujours à une seule ; l'unité de vues et de volonté aurait fait défaut à toutes les opérations ; enfin l'homme n'eût jamais goûté ce bien si précieux, qui peut être la source du génie : la stabilité.

Le salariat est un premier pas fait vers cette stabilité ; mais il laisse encore une grande place à l'aléatoire. L'ouvrier, tant qu'il travaille, sait sur quoi il peut compter ; mais jusqu'à quand aura-t-il de l'ouvrage, et pendant combien de temps aura-t-il la force de l'accomplir ? Voilà ce qu'il ignore, et qui met dans son avenir un affreux problème. C'est encore à l'esprit d'association qu'il demandera d'écarter ou du moins d'atténuer ces inquiétudes. Car ses épargnes isolées seraient le plus souvent insuffisantes pour cela ; associées, au contraire, à celles de ses frères, elles atteignent le but, en vertu de la *loi des grands nombres*. De là est née l'admirable institution des *sociétés de secours mutuels*, admirable non-seulement pour l'objet qu'elle a directement en vue, mais par les vertus qu'elle développe au sein des masses.

Ces sociétés doivent, en effet, leur succès et leur utilité à la liberté. Supprimez l'intérêt qu'ont les associés à se surveiller mutuellement, à empêcher que le fonds commun ne soit dilapidé par les paresseux et par les débauchés ; faites disparaître, en un mot, le principe de la responsabilité et de la solidarité, pour mettre à la place la direction et la surveillance de l'État, dans lequel on sera plus disposé à voir un débiteur qu'un tuteur : et elles deviendront une cause de démoralisation pour les masses, de ruine pour l'État. Soumises à un règlement uniforme, elles cesseront en même temps d'être appropriées aux exigences si diverses de chaque localité ; enfin elles entretiendront dans le caractère national cette disposition énervante qui nous porte à ne rien oser par nous-mêmes, à faire intervenir le gouvernemant dans toutes nos entreprises.

C'est à un sentiment tout contraire que les Anglais doivent une partie de leur grandeur comme nation. C'est sur la prévoyance individuelle qu'ils ont exclusivement compté pour fonder leurs sociétés de secours mutuels. Aussi ont-elles acquis un développement prodigieux ; leur revenu est de cent vingt-cinq millions, et leur capital accumulé atteint deux cent quatre-vingts millions. Les citoyens doivent à cette indépendance leur expérience, leur valeur personnelle, et le gouvernement son irresponsabilité relative, sa stabilité.

Mais ce n'est pas tout que de pourvoir aux nécessités qui naissent du chômage accidentel ; il faut songer à la vieillesse. L'ouvrier ne doit pas compter entièrement sur ses enfants pour cette triste période de sa vie ; l'association seule peut lui procurer des ressources assurées. La *caisse des retraites* est le complément inévitable des *sociétés de secours mutuels*. Mais elle n'est possible que lorsque celles-ci, encore à l'état d'enfance, auront accompli leur évolution. Qu'on dise que l'avénement de cette institution est encore éloigné, je l'accorderai ; mais qu'on aille jusqu'à prétendre qu'elle est irréalisable parce que la condition des salariés ne cessera pas d'être précaire, c'est ce que je ne puis admettre, et je tire du progrès accompli dans le passé ma confiance dans l'avenir.

Il n'est pas douteux que cet avenir ne soit très-prochain pour les classes laborieuses en Angleterre. D'une part, l'affluence des fonds versés aux sociétés de secours mutuels augmente tous les jours ; de l'autre diminuent les besoins auxquels ces fonds doivent satisfaire, par suite des améliorations économiques, hygiéniques et morales provoquées par ces institutions mêmes. Les excédants de recettes seront bientôt tels qu'il faudra songer à leur procurer un emploi utile, et la pensée qui se présentera le plus naturellement sera celle de la fondation des caisses de retraite, d'autant plus que cette institution est l'aspiration universelle, unanime, énergique, ardente de tous les ouvriers.

Pourquoi ce qui est possible, prochain même chez nos voisins, serait-il à tout jamais irréalisable chez nous? Mais, nous le répétons, pour cette association comme pour la précédente, point de secours étrangers, point d'intervention de l'État; la prévoyance doit tout faire.

Que le salarié envie le sort du capitaliste, rien de plus légitime, pourvu que ce sentiment ne dégénère pas en coupables pensées, et se borne à stimuler son activité, à lui inspirer le goût des habitudes d'ordre et d'économie. L'esprit tentateur lui a trop souvent dit qu'il s'épuiserait en vains efforts pour atteindre cette terre promise. Voici, à cet égard, la vérité exempte d'illusions. L'évolution normale des phénomènes économiques aboutit à l'extension et à la diffusion du capital, puisqu'elle tend à substituer constamment l'utilité gratuite à l'utilité onéreuse. Mais elle est affectée par des causes perturbatrices qui, subissant elles-mêmes la loi du progrès, diminuent tous les jours en nombre et en intensité. La preuve de cette vérité est dans la comparaison de l'état social faite de siècle en siècle, et, pour ne parler que du nôtre, la diffusion du capital a pris un accroissement remarquable dans l'industrie commerciale et surtout dans l'industrie agricole, nonobstant les agitations politiques inséparables de toute période d'enfantement. Le tour de l'industrie manufacturière viendra nécessairement aussi.

CHAPITRE XI.

Population.

L'étude des phénomènes économiques que nous avons décrits jusqu'ici nous a conduit à cette conclusion, que le jeu libre et normal de tous les rouages du mécanisme social aboutit à un accroissement indéfini de bien-être. Mais nous arrivons à l'analyse d'un phénomène qui, dans les opinions émises jusqu'à ce jour, suffirait seul à contrarier l'action bienfaisante de tous les autres, à troubler l'harmonie sociale. Ce principe, capable de paralyser entièrement le progrès humain, serait celui de la population. « Supposez, a-t-on dit, un vase dont les parois mobiles reçoivent une eau toujours plus abondante. Le vase, c'est la population ; l'eau, c'est la richesse. Si l'orifice du vase tend à s'élargir dans une proportion plus forte que ne s'accroît la masse du liquide qui l'alimente, le niveau doit nécessairement baisser. » C'est la conclusion désolante de Malthus, dont la théorie, très-judicieuse dans tout le reste, a erré sur ce point unique, mais capital. Bastiat a vengé la théorie de Malthus des attaques, et sa mémoire des calomnies, dont elles avaient été l'objet ; et, par des considérations qui avaient échappé à la pénétration de son devancier, il est arrivé à cette conclusion entièrement opposée, que le principe de la population, loin de la détruire, concourt au contraire à l'harmonie du plan providentiel.

Le principe de la population a été formulé par Malthus en ces terme : *La population tend à se mettre au niveau des moyens de subsistance* ; proposition qui ne peut être sérieusement contestée.

6.

Il suffit de jeter un coup d'œil sur l'ensemble des êtres animés pour s'apercevoir que la nature s'est beaucoup plus préoccupée des espèces que des individus. Les précautions qu'elle a prises pour la perpétuité des races sont prodigieuses, et parmi ces précautions figure la profusion des germes. Cette surabondance paraît calculée partout en raison inverse de la sensibilité, de l'intelligence et de la force avec laquelle chaque espèce résiste à la destruction.

Ainsi, dans le règne végétal, les moyens de reproduction sont incalculables ; il en est de même à peu près chez les animaux dont la vie est presque végétative ; mais à mesure qu'on s'élève dans l'échelle des êtres, la nature se montre plus parcimonieuse. Dans les conditions supérieures de sensibilité, d'intelligence et de sympathie où elle avait placé l'homme, elle ne pouvait le soumettre au phénomène de la destruction au même degré que les animaux ; elle a donc dû restreindre en lui les facultés génératrices. Toutefois elles auraient été suffisantes encore pour que la multiplication de l'espèce devînt excessive s'il n'y avait été apporté d'autres obstacles.

Il résulte de l'existence de ces obstacles que la *multiplication réelle* est de beaucoup inférieure à la *puissance physiologique absolue de multiplication*. Celle-ci n'a aucun intérêt pour la science, puisqu'elle ne pourrait se produire que dans l'hypothèse irréalisable où l'espèce serait illimitée, et l'aliment inépuisable pour l'homme. La première seule a dû être soumise à l'observateur. D'après les recherches de M. Moreau de Jonnès, en prenant pour base le mouvement de la population, le doublement exigerait en Turquie 555 ans, — en Suisse 227, — en France 138, — en Espagne 106, — en Hollande 100, — en Allemagne 76, — en Russie et en Angleterre

43, — aux États-Unis 25 , en défalquant le contingent fourni par l'immigration. Ces différences énormes ne tiennent pas, évidemment, à une différence équivalente dans la puissance génératrice des peuples, mais à l'espace et aux moyens d'alimentation. L'aphorisme de Malthus, qui a suscité tant de clameurs, nous paraît donc justifié par ces faits.

Les critiques dirigées contre sa formule de la progression géométrique ne sont pas mieux fondées ; car il ne l'a appliquée qu'à la puissance organique de reproduction, à la multiplication *possible*, et nullement à la multiplication *réelle*. Pour éviter même tout reproche d'exagération, il s'en est tenu au chiffre des États-Unis, le doublement en vingt-cinq ans ; et ce qui prouve, du reste, qu'il examinait la question théoriquement et non au point de vue réel, c'est qu'il a cherché à se rendre compte des obstacles qui contiennent la population au-dessous de sa tendance physiologique.

Il en indique de deux sortes ; il les appelle *obstacles préventifs* et *obstacles répressifs*. Il a dit qu'en supposant l'aliment stationnaire, l'obstacle répressif aurait d'autant plus d'action que l'obstacle préventif en aurait moins ; c'est-à-dire qu'il y aurait d'autant plus de décès qu'il y aurait plus de naissances. Il a ajouté que, dans cette situation, l'abstention volontaire était préférable à la répression forcée. Qu'y a-t-il à reprendre dans tout cela ?

Jusqu'ici donc , et sur tous les points, la théorie de Malthus est incontestable. Si plus tard il est arrivé à une conclusion erronée, c'est que, n'apercevant pas tous les éléments qui font la force du moyen préventif, il a cru que le moyen répressif serait appelé à sévir avec une effrayante intensité. Il a dit : « Les hommes n'ayant pas en eux-mêmes un frein assez puissant pour s'abstenir, la mort se chargera de rétablir l'équilibre. »

« Malthus ne s'était pas fait une idée exacte du vaste domaine de la prévoyance, que son traducteur a beaucoup circonscrit encore en mettant en circulation cette vague et insuffisante expression, *contrainte morale,* dont il a même amoindri la portée par la définition qu'il en donne : « C'est la vertu, dit-il, qui consiste à ne point se marier, quand on n'a pas de quoi *faire subsister* une famille, et toutefois à vivre dans la chasteté. » Les obstacles que l'intelligente société humaine oppose à la multiplication *possible* des hommes prennent bien d'autres formes que celle de la contrainte morale ainsi définie. Et, par exemple, qu'est-ce que cette sainte ignorance du premier âge, la seule ignorance sans doute qu'il soit criminel de dissiper, que chacun respecte, et sur laquelle la mère craintive veille comme sur un trésor ? Qu'est-ce que la pudeur qui succède à l'ignorance, arme mystérieuse de la jeune fille, qui enchante et intimide l'amant, et prolonge en l'embellissant la saison des innocentes amours ? N'est-ce point une chose merveilleuse, et qui serait absurde en toute autre matière, que ce voile ainsi jeté d'abord entre l'ignorance et la vérité, et ces magiques obstacles placés ensuite entre la vérité et le bonheur ? Qu'est-ce que cette puissance de l'opinion, qui impose des lois si sévères aux relations des personnes de sexe différent, flétrit la plus légère transgression de ces lois, et poursuit la faiblesse et sur celle qui succombe, et, de génération en génération, sur ceux qui en sont les tristes fruits ? Qu'est-ce que cet honneur si délicat, cette rigide réserve si généralement admirée même de ceux qui s'en affranchissent, ces institutions, ces difficultés de convenance, ces précautions de toute sorte, si ce n'est l'action de la *loi de limitation* manifestée dans l'ordre intelligent, moral, *préventif*, et par conséquent exclusivement humain ? »

Les considérations que signale ici Bastiat se présentent pour ainsi dire d'elles-mêmes, et frappent tous les esprits. Mais il ne s'en est pas tenu là, et il a ouvert sur ce sujet des perspectives nouvelles, qui, non-seulement ont agrandi le cercle de l'action préventive, mais qui ont mis à découvert la loi progressive du phénomène de la population.

Il a d'abord constaté, avec Say, que la population s'équilibrait, non avec les moyens de *subsistance*, mais avec les moyens d'*existence*. Car la nourriture seule ne suffit pas à l'homme ; le vêtement, le logement, et une foule de besoins nés du climat, ou même de l'habitude, sont des nécessités et font partie de l'existence.

Tous ces besoins, y compris celui de la simple *subsistance*, ne sont pas une chose fixe, absolue, uniforme ; ils admettent autant de degrés qu'il y en a dans la civilisation même. Nous avons déjà constaté leur invincible tendance à se multiplier et à se raffiner. Sans doute la satisfaction de tous n'est pas indispensable à la vie de l'homme ; il y a, dans l'appareil d'une existence civilisée, énormément de *superflu* ; mais ce superflu devient du nécessaire par l'*habitude*, qu'on a si justement appelée une seconde nature. Nous y tenons à la fois par sensualité et par amour-propre. Notre préoccupation la plus vive, la plus constante, est de nous maintenir, nous et nos enfants, au niveau de bien-être et de dignité sociale où nous sommes parvenus. Qui n'a remarqué combien cette crainte de déchoir influe sur la reproduction dans les familles aisées ? D'autre part, on a depuis longtemps constaté que la pauvreté agissait comme stimulant sur la fécondité des

classes prolétaires. L'étymologie du mot *prolétaire*
prouve l'ancienneté de cette observation. Il suit de là que
le mieux-être et la prévoyance s'engendrent l'un l'autre
dans une succession indéfinie, tandis que le malaise et
l'imprévoyance obéissent à la même loi, mais en sens
inverse.

Cela est vrai des peuples comme des familles, comme
des individus. Lorsqu'une population, comme celle de la
Chine ou de l'Irlande, poussée par la misère à une multiplication excessive, est descendue au niveau de la stricte
subsistance alimentaire, la plus légère perturbation dans
ses ressources alimentaires entraîne une mortalité effrayante. Ce spectacle affligeant ne se reproduit plus
au contraire en Europe, depuis que l'aisance s'est répandue dans toutes les classes. La raison en est que les
hommes, dans les temps de disette, peuvent sacrifier
une partie de leur superflu avant d'entreprendre sur leurs
aliments.

L'*habitude* d'un certain bien-être, d'une certaine dignité dans la vie, est donc le plus fort des sentiments
pour mettre en œuvre la prévoyance. Ce sentiment a fait
plus de progrès dans la classe prolétaire qu'on ne le pense
généralement. Les tables de mortalité en font foi. Elles
attestent un notable accroissement de la vie moyenne
depuis un siècle. L'humanité a dû ce résultat consolant à
une aisance plus générale; aux efforts faits pour améliorer l'hygiène des classes pauvres, pour changer les industries malsaines, pour réglementer le travail des enfants;
au nombre toujours croissant des hospices, des maisons
de secours, des institutions de bienfaisance, etc., etc. Or,
si depuis un siècle l'augmentation des naissances s'était
manifestée dans une proportion égale à la diminution des
décès, la population aurait atteint un développement ex-

cessif; ce qui n'a pas eu lieu, sans doute parce qu'elle s'est *volontairement* limitée.

De ces observations découle une première harmonie, qui peut se formuler ainsi : *Le progrès du bien-être tend à l'équilibre de la population.*

Mais cette harmonie ne reposerait que sur une pétition de principe, s'il était vrai que le progrès de la population fît obstacle à celui du bien-être. Il faut donc prouver que les moyens d'existence s'accroissent plus vite que la population; et cette preuve résulte du fait même de la civilisation. S'il était certain, comme l'a dit Malthus, qu'à chaque excédant de moyens d'existence corresponde un excédant supérieur de population, la misère de notre race serait fatalement progressive; la civilisation serait à l'origine, et la barbarie à la fin des temps. Or c'est le contraire qui a lieu.

Nous trouvons l'explication de ce fait, moins dans l'influence de l'obstacle préventif sur la multiplication, que dans celle de l'échange sur le phénomène de la production. Et nous en déduirons cette nouvelle harmonie, d'un degré supérieur à la précédente : *L'accroissement de la population tend à l'accroissement du bien-être.* Ce qui veut dire ceci : *dans une société normale*, les deux principes non-seulement conservent entre eux une différence régulière de niveau, mais tendent encore à élever ce niveau; ils réagissent l'un sur l'autre, non dans le sens de la souffrance, comme l'avait cru Malthus, mais dans le sens du bonheur de l'humanité.

Pour prouver cette harmonie, il faudrait répéter les vérités développées dans les chapitres précédents : que la densité de la race humaine fait sa puissance de production; qu'elle multiplie les échanges en supprimant l'obstacle qui naît de la distance; qu'elle facilite la division des travaux et l'union des forces ; qu'elle stimule l'homme par la concurrence, qu'elle l'éclaire par la science, qu'elle l'enrichit par les découvertes ; qu'elle fait, en un mot, concourir la nature à la satisfaction de nos besoins dans une proportion plus forte que dans l'hypothèse de l'isolement ou d'une population clair-semée. Nous ne recommencerons pas cette démonstration ; car, si le lecteur n'est pas maintenant convaincu que le progrès de l'humanité est dans la puissance du nombre combinée avec la régularité des efforts, il peut fermer ce livre.

Ainsi donc se trouve résolu le problème épineux de la population ; ainsi a disparu, sous une main exercée, la dernière note discordante du clavier social.

La première partie de notre tâche est terminée. Pour saisir dans son majestueux ensemble et dans ses détails l'HARMONIE de la société, nous avons eu les yeux constamment fixés sur la ligne de démarcation toujours mobile, mais toujours distincte, qui sépare les deux régions du monde économique : la collaboration naturelle et le travail humain, la gratuité et l'onérosité ; ce qui, dans l'échange, se rémunère, et ce qui se cède sans rémunération ; l'utilité et la valeur, la richesse absolue et la richesse relative, la communauté et la propriété.

La science, à l'aide de cette distinction fondamentale, a fait sortir du domaine de la déclamation, pour le faire entrer dans celui de la démonstration rigoureuse, le grand principe de la *perfectibilité* humaine ; elle a montré l'homme, sollicitant sans cesse la nature de lui venir en aide, répondant à un désir satisfait, par un désir nouveau, et élargissant ainsi indéfiniment la sphère de ses facultés et de ses jouissances.

Elle a donné aussi la solution du problème *communiste*, et prouvé qu'il est inutile d'aller chercher la communauté dans des combinaisons imaginaires et tyranniques, lorsqu'elle résulte tout naturellement de l'organisation que Dieu a donnée à l'homme et à la société.

Enfin elle a fait accepter par la froide raison ce que le christianisme demande en s'adressant au cœur, au sentiment, aux plus nobles instincts : le principe de la *fraternité* humaine ; elle a réconcilié dans un consolant accord les calculs de l'intérêt le plus vigilant avec les inspirations de la morale la plus sublime.

Et à la réalisation de tous ces bienfaits elle n'a posé qu'une seule condition : *la liberté.*

Sans doute, hélas ! il y a des ombres à ce tableau ; l'harmonie ne consiste pas dans l'absence absolue du *mal*, mais dans sa réduction graduelle. Qu'il soit donc bien entendu que nous ne sommes pas enivré d'optimisme au point de confondre l'*idéal* avec le *réel*. L'imagination n'a que faire ici, la raison seule doit avoir la parole, et elle dit que le mal est inséparable de notre nature, et que ce que nous avons à chercher dans ce monde n'est pas la perfection, mais le perfectionnement de l'humanité. Œuvre immense, à laquelle chacun doit concourir dans la sphère de ses facultés, et qui réclame de nous deux choses également difficiles : *apprendre* et *pratiquer*. Je lui apporte le modeste contingent de mes efforts dans la seconde partie de cet écrit.

SECONDE PARTIE.

—

PERTURBATIONS.

—

CHAPITRE XII.

Vue d'ensemble.

Il y a de loin en loin, dans les derniers écrits de Bastiat, des mots tristes comme le tintement d'une agonie. Au milieu de sa course, il se sentait mortellement atteint. Vainement il hâtait le pas : l'horizon semblait s'élargir sous son regard avide, et il ne lui restait bientôt plus de forces que pour poser quelques jalons, et indiquer du doigt à ceux qui le suivraient l'espace à parcourir. Mais nul encore n'a osé s'aventurer après lui dans ces vastes régions dont il devinait si bien les secrets. Pour apprécier la portée de ce génie investigateur, et la perte que la science et la société ont faite, il faut lire le programme des travaux qu'il méditait :

« Tel est le résultat définitif des arrangements providentiels, des grandes lois de la nature, alors qu'elles règnent sans obstacles, quand on les considère en elles-mêmes et abstraction faite du trouble que font subir à leur action l'erreur et la violence. A la vue de cette Harmonie, l'économiste peut bien s'écrier comme fait l'astronome au spectacle des mouvements planétaires, ou le physiologiste en contemplant l'ordonnance des organes humains : *Digitus Dei est hic !*

« Mais l'homme est une puissance libre, par conséquent

faillible. Il est sujet à l'ignorance, à la passion. Sa volonté, qui peut errer, entre comme élément dans le jeu des lois économiques ; il peut les méconnaître, les oblitérer, les détourner de leur fin. De même que le physiologiste, après avoir admiré la sagesse infinie dans chacun de nos organes et de nos viscères ainsi que dans leurs rapports, les étudie aussi à l'état anormal, maladif et douloureux, nous aurons à pénétrer dans un monde nouveau, le monde des Perturbations sociales.

« Nous nous préparerons à cette nouvelle étude par quelques considérations sur l'homme lui-même. Il nous serait impossible de nous rendre compte du *mal social*, de son origine, de ses effets, de sa mission, des bornes toujours plus étroites dans lesquelles il se resserre par sa propre action (ce qui constitue ce que j'oserais presque appeler une dissonance harmonique), si nous ne portions notre examen sur les conséquences nécessaires du libre arbitre, sur les égarements toujours châtiés de l'intérêt personnel, sur les grandes lois de la responsabilité et de la solidarité humaines.

« Nous avons vu toutes les *harmonies sociales* contenues en germe dans ces deux principes : Propriété, Liberté. — Nous verrons que toutes les *dissonances sociales* ne sont que le développement de ces deux autres principes antagoniques aux premiers : Spoliation, Oppression.

« Et même les mots *propriété, liberté* n'expriment que deux aspects de la même idée. Au point de vue économique, la liberté se rapporte à l'acte de produire, la propriété aux produits. — Et puisque la valeur a sa raison d'être dans l'acte humain, on peut dire que la liberté implique et comprend la propriété. — Il en est de même de l'oppression à l'égard de la spoliation.

« Liberté ! voilà, en définitive, le principe harmonique. Oppression ! voilà le principe dissonant. La lutte de ces deux puissances remplit les annales du genre humain.

« Et comme l'oppression a pour but de réaliser une appropriation injuste, comme elle se résout et se résume en spoliation, c'est la spoliation que je mettrai en scène.

« L'homme arrive sur cette terre attaché au joug du besoin, qui est une peine.

« Il n'y peut échapper qu'en s'asservissant au joug du travail, qui est aussi une peine.

« Il n'a donc que le choix des douleurs, et il hait la douleur.

« C'est pourquoi il jette ses regards autour de lui, et s'il voit que son semblable a accumulé des richesses, il conçoit la pensée de se les approprier. De là la fausse propriété ou la spoliation.

« La spoliation ! voici un élément nouveau dans l'économie des sociétés.

« Depuis le jour où il a fait son apparition dans le monde jusqu'au jour, si jamais il arrive, où il aura complétement disparu, cet élément affectera profondément le mécanisme social ; il troublera, au point de les rendre méconnaissables, les lois harmoniques que nous nous sommes efforcé de découvrir et de décrire.

« Notre tâche ne sera donc accomplie que lorsque nous aurons fait la complète monographie de la spoliation.

« Peut-être pensera-t-on qu'il s'agit d'un fait accidentel, anormal, d'une plaie passagère, indigne des investigations de la science.

« Mais qu'on y prenne garde. La spoliation occupe dans la tradition des familles, dans l'histoire des peuples, dans les occupations des individus, dans les énergies physiques et intellectuelles des classes, dans les arrangements de la société, dans les prévisions des gouvernements, presque autant de place que la propriété elle-même.

« Oh ! non, la spoliation n'est pas un fléau éphémère, affectant accidentellement le mécanisme social, et dont il soit permis à la science économique de faire abstraction.

« Cet arrêt a été prononcé sur l'homme dès l'origine : « Tu « mangeras ton pain à la sueur de ton front. » Il semble que, par là, l'effort et la satisfaction sont indissolublement unis, et que l'une ne puisse jamais être que la récompense de l'autre. Mais partout nous voyons l'homme se révolter contre cette loi, et dire à son frère : « A toi le travail; à moi le fruit du travail. »

« Pénétrez dans la hutte du chasseur sauvage, ou sous la tente du nomade pasteur. Quel spectacle s'offre à vos regards! La femme, maigre, pâle, défigurée, terrifiée, flétrie avant le temps, porte tout le poids des soins domestiques, pendant que l'homme se berce dans son oisiveté. Où est l'idée que nous pouvons nous faire des harmonies familiales? Elle a disparu, parce que la force a rejeté sur la faiblesse le poids de la fatigue. Et combien faudra-t-il de siècles d'élaboration civilisatrice avant que la femme soit relevée de cette effroyable déchéance?

« La spoliation sous sa forme la plus brutale, armée de la torche et de l'épée, remplit les annales du genre humain. Quels sont les noms qui résument l'histoire? Cyrus, Sésostris, Alexandre, Scipion, César, Attila, Tamerlan, Mahomet, Pizarre, Guillaume le Conquérant ; c'est la spoliation naïve, par voie de conquête. A elle les lauriers, les monuments, les statues, les arcs de triomphe, le chant des poëtes, l'enivrant enthousiasme des femmes.

« Bientôt le vainqueur s'avise qu'il y a un meilleur parti à tirer du vaincu que de le tuer, et l'esclavage couvre la terre. Il a été presque jusqu'à nos jours, sur toute la surface du globe, le mode d'existence des sociétés, semant après lui des haines, des résistances, des luttes intestines, des révolutions. Et l'esclavage, qu'est-ce autre chose que l'oppression organisée dans un but de spoliation?

« Si la spoliation arme la force contre la faiblesse, elle ne tourne pas moins l'Intelligence contre la Crédulité. Quelles sont sur la terre les populations travailleuses qui aient échappé à l'exploitation des théocraties sacerdotales, prêtres égyptiens, oracles grecs, augures romains, druides gaulois, bramines indiens, muphtis, ulémas, bonzes, moines, mi-

nisires, jongleurs, sorciers, devins, spoliateurs de tous cos-
tumes et de toutes dénominations? Sous cette forme, le
génie de la spoliation place son point d'appui dans le ciel,
et se prévaut de la sacrilége complicité de Dieu! Il n'enchaîne
pas seulement le bras, mais aussi les esprits. Il sait impri-
mer le fer de la servitude aussi bien sur la conscience de
Séide que sur le front de Spartacus, réalisant ce qui semble
irréalisable : l'esclavage mental.

« Esclavage mental! quelle effrayante association de mots!
— O liberté! on t'a vue traquée de contrée en contrée, écra-
sée par la conquête, agonisant sous l'esclavage, insultée
dans les cours, chassée des écoles, raillée dans les salons,
méconnue dans les ateliers, anathématisée dans les temples.
Il semblait que tu devais trouver dans la pensée un refuge
inviolable. Mais si tu succombes dans ce dernier asile, que
devient l'espoir des siècles et la valeur de la nature humaine?

« Cependant, à la longue (ainsi le veut la nature progressive de l'homme), la spoliation développe, dans le milieu
même où elle s'exerce, des résistances qui paralysent sa
force et des lumières qui dévoilent ses impostures. Elle ne
se rend pas pour cela; elle se fait seulement plus rusée, et
s'enveloppant dans des formes de gouvernement, des pondé-
rations, des équilibres, elle enfante la politique, mine longtemps féconde. On la voit alors usurper la liberté des citoyens pour mieux exploiter leurs richesses, et tarir leurs
richesses pour mieux venir à bout de leur liberté. L'activité
privée passe dans le domaine de l'activité publique. Tout se
fait par des fonctionnaires; une bureaucratie inintelligente
et tracassière couvre le pays. Le trésor public devient un
vaste réservoir où les travailleurs versent leurs économies,
qui de là vont se distribuer entre les hommes à places.
Le libre débat n'est plus la règle des transactions, et rien
ne peut réaliser ni constituer la *mutualité des services.*

« Dans cet état de choses, la vraie notion de la propriété
s'éteint : chacun fait appel à la loi pour qu'elle donne à ses
services une valeur factice.

« On entre ainsi dans l'ère des priviléges. La spoliation, toujours plus subtile, se cantonne dans les monopoles, et se cache derrière les restrictions. Elle déplace le courant naturel des échanges ; elle pousse dans des directions artificielles le capital, avec le capital le travail, et avec le travail la population elle-même. Elle fait produire péniblement au nord ce qui se ferait avec facilité au midi ; elle crée des industries et des existences précaires ; elle substitue aux forces gratuites de la nature les fatigues onéreuses du travail ; elle fomente des établissements qui ne peuvent soutenir aucune rivalité, et invoque contre leurs compétiteurs l'emploi de la force ; elle provoque les jalousies internationales, flatte les orgueils patriotiques, et invente d'ingénieuses théories, qui lui donnent pour auxiliaires ses propres dupes ; elle rend toujours imminentes les crises industrielles et les banqueroutes ; elle ébranle, dans les citoyens, toute confiance en l'avenir, toute foi dans la liberté, et jusqu'à la conscience de ce qui est juste. Et quand enfin la science dévoile ces méfaits, elle ameute contre la science jusqu'à ses victimes, en s'écriant : « A l'utopie ! » Bien plus, elle nie non-seulement la science qui lui fait obstacle, mais l'idée même d'une science possible, par cette dernière sentence du scepticisme : « Il n'y a pas de principes ! »

« Cependant, sous l'aiguillon de la souffrance, la masse des travailleurs s'insurge. Elle renverse tout ce qui est au-dessus d'elle ; gouvernement, impôts, législation, tout est à sa merci. Et vous croyez peut-être que c'en est fait du règne de la spoliation ; vous croyez que la mutualité des services va être constituée sur sa seule base possible, et même imaginable, la liberté. — Détrompez-vous. Hélas ! cette funeste idée s'est infiltrée dans la masse : que la propriété n'a d'autre origine, d'autre sanction, d'autre légitimité, d'autre raison d'être que la loi ; et voici que la masse se prend à se spolier législativement elle-même. Souffrante des blessures qui lui ont été faites, elle entreprend de guérir chacun de ses membres en lui concédant un droit d'oppression sur le membre voisin ; cela s'appelle solidarité, fraternité. — « Tu as produit ; je n'ai pas produit ; nous sommes solidaires ; partageons. » — Tu as quelque chose ; je n'ai rien ; nous sommes frères ; partageons. » — Nous aurons donc à examiner l'abus qui a été fait dans ces derniers temps des mots association, organisation du travail, gratuité du crédit, etc. Nous aurons à les soumettre à cette épreuve : renferment-ils la liberté ou l'oppression ? en d'autres termes : sont-ils conformes aux grandes lois économiques, ou sont-ils la perturbation de ces lois ?

« La spoliation est un phénomène trop universel, trop persistant, pour qu'il soit permis de lui reconnaître un caractère purement accidentel. En cette matière, comme en bien d'autres, on ne peut séparer l'étude des lois naturelles de celle de leurs perturbations. »

De ce vaste plan il n'a pu réaliser que des intitulés de chapitres et des aperçus remarquables sur les attributions du pouvoir et sur les inconvénients des études universitaires. Je recueillerai dans cette analyse ces deux fragments, ainsi que ses pensées éparses sur la liberté des échanges. Et, en attendant qu'il ait un continuateur, qu'il se trouve une plume digne de décrire les *perturbations* comme il a décrit les *harmonies*, je hasarderai sur ce sujet de rapides considérations.

Je prie le lecteur de ne pas perdre de vue le caractère de cet écrit. Ce n'est pas un tableau, c'est une esquisse. Il y trouvera en raccourci les lignes principales qui donnent une idée de l'ensemble. Traiter à fond un sujet aussi étendu eût été une entreprise bien au-dessus de mes forces. J'ai essayé de faire entrer la vérité dans un petit livre de poche, afin qu'elle fût toujours sous la main. J'ai pensé qu'on pouvait réduire ses proportions sans altérer ses formes. La ressemblance est aussi bien dans une miniature que dans un portrait de grandeur naturelle.

Si l'on me reprochait d'avoir mêlé, à quelques vérités peu accréditées encore, des choses bien connues, je me contenterais d'invoquer les opinions absurdes et les faits anormaux qui pullulent dans la société, pour prouver que, théoriquement et pratiquement, les vérités les plus élémentaires en cette matière sont ou ignorées ou méconnues, et qu'il n'est pas par conséquent si inutile de les rappeler.

Oppression et *spoliation* sont, comme l'a dit Bastiat, deux aspects de la même idée : l'une est le moyen, l'autre le but. Elles atteignent l'homme dans toutes ses facultés, dans sa personne, dans ses biens, dans sa pensée, dans ses intérêts individuels et dans ses intérêts collectifs. D'où il résulte que l'étude des causes perturbatrices de la société embrasse à la fois la politique et l'économie politique. Le plan que nous devons suivre se trouve ainsi tracé. Parmi les nombreux sujets qui s'y rattachent, nous traiterons les principaux, qui sont : le pouvoir, — la liberté, — liberté de conscience, — liberté de discussion, — liberté d'enseignement, — liberté des échanges, — liberté du crédit.

Bastiat a fait quelque part cette remarque, que le rôle de la science, quoique différent de celui de la morale, n'en était pas moins utile pour combattre la violence et la ruse ; que, si celle-ci flétrit l'acte malfaisant dans son mobile, celle-là le discrédite dans nos convictions par le tableau de ses effets, et facilite ainsi le triomphe du moraliste. A tout prendre, son efficacité est peut-être même plus grande ; J.-B. Say fait observer que, pour faire cesser le désordre introduit par l'hypocrisie dans une famille honorable, il y avait deux moyens : *corriger Tartufe* ou *déniaiser Orgon*. Molière, ce grand peintre du cœur humain, a constamment préféré le dernier.

CHAPITRE XIII.

Le pouvoir.

Nous abordons ici la plus grave de toutes les questions qui touchent aux intérêts matériels de l'humanité. Dans la sphère de son activité privée, l'homme a une liberté de mouvements qui lui permet de revenir à la vérité lorsque l'erreur l'a égaré, de fuir le mal qui le blesse, de rechercher le bien qui le sollicite. Mais sur le terrain de l'activité collective, il ne s'appartient plus : il est l'esclave soit d'une individualité, soit d'une majorité; il n'a plus l'usage de son libre arbitre : il voit le mal et il ne peut l'éviter, il voit le bien et il ne lui est pas permis de le réaliser. Il y a grand intérêt cependant; car ses affaires personnelles subissent toutes les vicissitudes de la chose publique, souffrent ou prospèrent avec elle; sa personne même et quelquefois son honneur n'échappent pas à cette tyrannie. De toutes les causes perturbatrices que les hommes ont jetées comme à plaisir au sein des harmonies providentielles de la société, celle-ci est donc bien la plus grave, et aucune nécessité ne la justifiait, comme nous allons tâcher de le démontrer. Est-il étonnant qu'elle ait tant agité le monde, et menace de l'agiter longtemps encore?

Des deux questions que ce sujet embrasse, *attributions* du pouvoir et *forme* du pouvoir, la première seule a été abordée par Bastiat. En la traitant avec sa supériorité ordinaire, il a fait d'autant plus vivement regretter son silence sur la seconde, à l'égard de laquelle son opinion est du reste connue. L'homme qui connaissait bien les exigences du mécanisme social et les ressources du cœur humain ne pouvait pas admettre une autre forme que la forme républicaine.

On ne trouve sur ce point dans ses écrits que les lignes suivantes : « Comme tous les publicistes, même ceux de l'école monarchique, entre autres Chateaubriand, je crois que la république est la forme naturelle d'un gouvernement normal. Peuple, roi, aristocratie, ce sont trois puissances qui ne peuvent coexiter que pendant la lutte. Cette lutte a des armistices qu'on appelle des chartes. Chaque pouvoir stipule dans ces chartes une part relative à ses victoires. C'est en vain que les théoriciens sont intervenus et ont dit : « Le comble de l'art, c'est de régler les attributions des trois pouvoirs de telle sorte qu'ils s'empêchent réciproquement. » La nature des choses veut que, pendant et par la trêve, l'une des trois puissances se fortifie et grandit. La lutte recommence, et aboutit, de lassitude, à une charte nouvelle, un peu plus démocratique, et ainsi de suite jusqu'à ce que le régime républicain ait triomphé. Mais il peut arriver que le peuple, parvenu à se gouverner lui-même, se gouverne mal. Il souffre, et soupire après un changement. Le prétendant exilé met à profit l'occasion, il remonte sur le trône. Alors la lutte, les trêves et le règne des chartes recommencent, pour aboutir de nouveau à la république. Combien de fois peut se renouveler l'expérience? C'est ce que j'ignore ; mais ce qui est certain, c'est qu'elle ne sera définitive que lorque le peuple aura appris à se gouverner. »

Telle était son opinion sur la nécessité de la république. Mais il ne s'est occupé de son mode d'organisation que sous le rapport des attributions du pouvoir envisagé à un point de vue général.

Aux yeux de la routine, la justesse et la prévision passent pour de la hardiesse. Toute vérité, avant d'être admise dans le pacifique séjour de la certitude, est condamnée à passer par le purgatoire de l'utopie. La théorie de Bastiat sur les attributions gouvernementales ne pouvait échapper à cette condamnation. Lorsqu'il l'exposa devant l'assemblée constituante, elle fut écoutée avec la bienveillance due au caractère et au talent de son auteur; mais ce fut là tout le succès qu'elle obtint, et elle tomba dans l'oubli. La plume habile et persévérante de M. de Girardin l'en a fait sortir depuis peu. Il est donc permis d'espérer qu'elle fera son chemin dans l'opinion. Elle a, à mes yeux, une si grande portée, et elle se trouve exposée dans le livre des *Harmonies économiques* avec tant de force et de clarté, que, malgré mon désir d'être bref, **je** la reproduirai textuellement dans certaines parties.

Dans tous les pays du monde, il y a une classe de services qui, quant à la manière dont ils sont rendus, distribués et rémunérés, accomplissent une évolution tout autre que les services privés ou libres : ce sont les *services publics*. Quand un besoin a un caractère d'universalité et d'uniformité suffisant pour qu'on puisse l'appeler *besoin public*, il peut être plus avantageux à la communauté de pourvoir à sa satisfaction par une délégation collective. Le fonctionnaire désigné pour rendre ce service reçoit, en échange de sa peine, une rémunération à laquelle tous les membres de la communauté concourent proportionnellement à leurs facultés. L'ensemble des services publics constitue l'*action collective* ou le *gouvernement*.

Considérés en eux-mêmes, dans leur nature propre, les services publics sont, comme les services privés, de purs échanges. Le fonctionnaire travaille pour le public : il est de toute justice que le public travaille pour le fonctionnaire, ou , ce qui revient au même, le paye avec le produit de son travail. Mais les procédés par lesquels ces services se comparent, se transmettent, s'équilibrent et manifestent leur valeur, diffèrent beaucoup dans ces deux modes d'échange.

Dans l'échange des services privés, chacun ne consulte que sa convenance et ses ressources, et, comme les goûts et les situations varient à l'infini, le mode de satisfaction de nos besoins varie également. Chacun, d'un autre côté, cherche le mode le plus économique, et le trouve dans l'abondance des services offerts. Liberté, diversité, concurrence, sont donc les caractères qui dominent dans les transactions privées, et qui concourent, comme nous l'avons vu, à l'harmonie générale.

Ils disparaissent complétement dans les services que *rend* et que *reçoit* le gouvernement.

La *contrainte*, d'abord, se substitue à la liberté dans des proportions diverses, suivant la nature du régime, depuis le plus absolu jusqu'au plus libéral. Dès que la satisfaction d'un besoin devient l'objet d'un service public, l'individu n'est plus libre d'en acheter ce qu'il veut, de consulter ses ressources, ses convenances, ses appréciations morales. « Bon gré, mal gré, il faut qu'il retire du milieu social la part que le gouvernement juge à propos de lui préparer, quelles qu'en soient la quantité et la qualité. Peut-être n'a-t-il pas de pain à sa faim ; et cependant on lui prend une partie de ce pain, qui lui serait indispensable, pour lui donner une instruction ou des spectacles dont il n'a que faire. Il cesse d'exercer un libre contrôle sur ses propres satisfactions, et, n'en ayant plus la responsabilité, naturellement il cesse d'en avoir l'intelligence. La prévoyance lui devient aussi inutile que l'expérience. Il s'appartient moins, il a perdu une partie de son libre arbitre, il est moins progressif, il est moins homme. Non-seulement il se déshabitue de juger *par lui-même* dans un cas donné, mais il se déshabitue de juger *pour lui-même*. Cette torpeur morale qui le gagne, gagne par la même raison ses concitoyens, et l'on a vu ainsi des nations entières tomber dans une funeste inertie. »

L'homme n'est pas plus consulté sur la manière dont un service lui sera rendu que sur l'opportunité de ce service. La contrainte a pour corollaire inévitable l'*uniformité*. Le même service est rendu à tous de la même manière sans qu'il soit davantage tenu compte de la diversité des situations, des convenances, des convictions. Ainsi l'État vendra l'enseignement et imposera son programme comme condition *sine quâ non* d'admission dans la plupart des carrières, et le père de famille, tout convaincu qu'il sera que la société moderne est l'antipode des sociétés anciennes, sera condamné à voir fausser l'esprit et le cœur de son enfant.

Enfin ce merveilleux stimulant de la concurrence, auquel l'homme doit, comme nous l'avons démontré, ses plus utiles conquêtes, fait ici complétement défaut et est remplacé par le *monopole*. Qu'attendre d'un fonctionnaire qui n'agit pas sous l'aiguillon de l'intérêt personnel, mais sous l'influence de la loi? La loi lui dit : « Vous rendrez au public tel service déterminé, et vous recevrez de lui tel autre service déterminé. » Un peu plus ou un peu moins de zèle ne change rien à ces deux termes fixes. Sans doute l'esprit de corps, le désir de l'avancement, l'attachement au devoir, sont des mobiles de quelque valeur; mais que sont-ils, comparés à l'énergique mobile de l'intérêt personnel? L'expérience confirme à cet égard le raisonnement. Tout ce qui est tombé dans le domaine du fonctionnarisme est à peu près stationnaire.

Il est douteux qu'on enseigne mieux aujourd'hui que du temps de François Ier; et je ne pense pas que personne s'avise de comparer l'activité des bureaux ministériels à celle d'une manufacture.

L'État sent si bien son infériorité que, toutes les fois qu'il se charge d'un service quelconque, il a soin d'interdire la concurrence privée. Et véritablement il n'aurait pas besoin de légiférer pour cela. Quelle industrie oserait se mesurer avec lui, surtout dans les entreprises où il sert le public gratuitement en apparence? Je dis en apparence, car au fond cette gratuité coûte toujours fort cher.

Voilà pour les services rendus par l'État. Mêmes observations pour les services qu'il reçoit. Cette contrepartie, ce complément de l'échange est encore soustrait à la liberté et à la diversité pour être uniformément réglementé par une loi décrétée d'avance, exécutée par la force, et à laquelle nul ne peut se soustraire. Comme les services qu'il nous rend sont imposés, ceux qu'il nous demande sont imposés aussi, et prennent même, dans toutes les langues, le nom d'*impôts*.

Ici se présentent en foule les difficultés et les inconvénients théoriques, car, pratiquement, l'État surmonte tous les obstacles au moyen d'une force armée qui est le corollaire obligé de toute loi. S'il ne voulait demander en toutes circonstances à chaque citoyen qu'un impôt *équivalent* aux services rendus, pourquoi les soustrairait-il au domaine de l'activité privée, qui réalise si sûrement cette équivalence par le procédé du *prix débattu?* Mais il n'y songe même pas. *On ne marchande pas* avec les fonctionnaires. On a cherché une équivalence approximative dans la proportionnalité ou la progression. Mais la plus légère réflexion suffit pour montrer que ni l'un ni l'autre de ces moyens n'atteint le but d'une manière satisfaisante. Nous n'en voulons pour preuve que les interminables discussions qui ont été soulevées sur cette matière.

Les inconvénients de l'intervention de l'État se résument donc ainsi : Pas de concurrence ; partant pas de perfectionnement, pas de liberté ; partant pas d'équivalence dans les services, et surtout plus de responsabilité individuelle. Ce dernier inconvénient est incomparablement le plus grave :

« Car la responsabilité, c'est tout pour l'homme ; c'est son moteur, son professeur, son rémunérateur et son vengeur. Sans elle, l'homme n'a plus le libre arbitre, il n'est plus perfectible, il n'est plus un être moral, il n'apprend rien, il n'est rien. Il tombe dans l'inertie, et ne compte plus que comme une unité dans un troupeau.

Si c'est un malheur que le sens de la responsabilité s'éteigne dans l'individu, c'en est un autre qu'elle se développe exagérément dans l'État. A l'homme, même abruti, il reste assez de lumière pour apercevoir d'où lui viennent les biens et les maux ; et quand l'État se charge de tout, il devient responsable de tout. Sous l'empire de ces arrangements artificiels, un peuple qui souffre ne peut s'en prendre qu'à son gouvernement, et son seul remède comme sa seule politique est de le renverser. De là un inévitable enchaînement de révolutions. Je dis inévitable ; car, sous ce régime, le peuple doit nécessairement souffrir. La raison en est que le système des services publics, outre qu'il trouble le nivellement des valeurs, ce qui est injustice, amène aussi une déperdition fatale de richesse, ce qui est ruine ; ruine et injustice, c'est souffrance et mécontentement : — quatre funestes ferments dans la société, lesquels, combinés avec le déplacement de la responsabilité, ne peuvent manquer d'amener ces convulsions politiques dont nous sommes, depuis plus d'un demi-siècle, les malheureux témoins.

« Je ne voudrais pas m'écarter de mon sujet. Je ne puis cependant m'empêcher de faire remarquer que, lorsque les choses sont ainsi organisées, lorsque le gouvernement a pris des proportions gigantesques par la transformation successive des transactions libres en services publics, il est à craindre que les révolutions, qui sont par elles-mêmes un si grand mal, n'aient pas même l'avantage d'être un remède, sinon à force d'expériences. Le déplacement de la responsabilité a faussé l'opinion populaire. Le peuple, accoutumé à tout attendre de l'État, ne l'accuse pas de trop faire, mais de ne pas faire assez. Il le renverse et le remplace par un autre, auquel il ne dit pas : « Faites moins, » mais : « Faites plus; » et c'est ainsi que l'abîme se creuse et se creuse encore.

« Le moment vient-il enfin où les yeux s'ouvrent, sent-on qu'il faut en venir à diminuer les attributions et la responsabilité de l'État : on est arrêté par d'autres difficultés. D'un côté les *droits acquis* se soulèvent et se coalisent; on répugne à froisser une foule d'existences auxquelles on a donné une vie artificielle. D'un autre côté, le public a désappris à agir par lui-même. Au moment de reconquérir cette liberté qu'il a si ardemment poursuivie, il en a peur, il la repousse. Allez donc lui offrir la liberté d'enseignement[1] : il croira que toute science va s'éteindre. Allez donc lui offrir la liberté religieuse : il croira que l'athéisme va tout envahir. On lui a tant dit et répété que toute religion, toute sagesse, toute science, toute lumière, toute morale réside dans l'État ou en découle! »

Du tableau très-incomplet que nous venons de tracer des inconvénients de l'action publique, il ne faut pas conclure que nous la repoussions absolument. Il est des cas où elle est utile, indispensable même; mais quels sont ces cas? Nous touchons ici au point culminant de la difficulté.

[1] Voir le pamphlet intitulé : *Baccalauréat et Socialisme*.

Le rapprochement que nous avons établi entre les services publics et les services privés nous aidera peut-être à découvrir le principe d'après lequel on peut préciser les limites de l'action collective. On a pu remarquer que ce qui la différencie de l'action exercée par les individus ou par les associations privées, c'est qu'elle est armée d'un moyen énergique dont l'autre est dépourvue : ce moyen, c'est la *contrainte*.

Ceux qui confondent la *société* avec le *gouvernement*, c'est-à-dire le tout avec la partie, ont été induits à émettre cet axiome faux : « Que les hommes, en se réunissant en société, ont sacrifié une partie de leur liberté pour conserver l'autre. » Ils n'ont pas vu que le gouvernement seul disposait de la contrainte ; que les transactions privées, qui constituent la société même, reposent sur la plus entière liberté ; qu'il y avait là échange d'efforts, mais jamais sacrifice réciproque de liberté. L'axiome n'est même pas vrai en ce qui concerne cette association partielle et purement conventionnelle qu'on appelle le gouvernement. Car, si *le gouvernement n'agit que par la force, son action n'est légitime que là où l'intervention de la force est elle-même légitime.* Or quand la force intervient légitimement, ce n'est point pour *sacrifier* la liberté, mais au contraire pour la faire respecter.

Mais dans quel cas l'action de la force est-elle légitime? Il n'y en a qu'un : le *cas de légitime défense.* S'il en est ainsi, la raison d'être des gouvernements est trouvée, ainsi que leur limite rationnelle.

Ce droit collectif prend sa source dans le droit individuel. Lorsqu'on veut attenter à la vie, à la liberté, à la propriété d'un homme, il a le droit de se défendre, *même par la force.* De même tous les individus qui composent une nation peuvent se concerter, s'associer pour repousser *par la force* les attaques qui seraient dirigées contre chacun d'eux. Ils peuvent aussi, au lieu d'exercer ce droit eux-mêmes, le déléguer à une partie d'entre eux. C'est là l'origine de tous les gouvernements et leur seule mission rationnelle.

L'individu a-t-il le droit d'employer la force à une autre fin? Peut-il légitimement *forcer* ses semblables à être laborieux, sobres, économes, généreux, savants, pieux? Non, il ne peut les forcer qu'à une chose, à être justes. Les individus réunis, associés, n'ayant pas d'autres droits que ceux de l'individu isolé, ne peuvent employer la force à développer l'amour du travail, la sobriété, la générosité, la science, la piété. Ils ne peuvent l'employer qu'à faire régner la justice, à maintenir chacun dans son droit.

Où pourrait-on chercher l'origine du droit collectif ailleurs que dans le droit individuel? La déplorable manie de notre époque est de vouloir donner une vie à de pures abstractions, d'imaginer une cité en dehors des citoyens, une humanité en dehors des hommes, un tout en dehors des parties, une collectivité en dehors des individualités qui la composent. Conçoit-on dans le mandataire un droit qui n'existerait pas dans le mandant? Concluons que *les seules attributions rationnelles du pouvoir sont la légitime défense des individus et des propriétés*.

« Remarquez, que lorsqu'un gouvernement sort de ces bornes, il entre dans une carrière sans limite, sans pouvoir échapper à cette conséquence, non-seulement d'outre-passer sa mission, mais de l'anéantir, ce qui constitue la plus monstrueuse des contradictions.

« En effet, quand l'État a fait respecter cette ligne fixe,

invariable, qui sépare les droits des citoyens, quand il a maintenu parmi eux la justice, que peut-il faire de plus sans violer lui-même cette barrière dont la garde lui est confiée, sans détruire de ses propres mains et par la force les libertés et les propriétés qui avaient été placées sous sa sauvegarde ? Au delà de la justice, je défie qu'on imagine une intervention gouvernementale qui ne soit une injustice. Alléguez tant que vous voudrez des actes inspirés par la plus pure philanthropie, des encouragements à la vertu, au travail, des primes, des faveurs, des protections directes, des dons prétendus gratuits, des initiatives dites généreuses ; derrière ces belles apparences, ou, si vous voulez, derrière ces belles réalités, je vous montrerai d'autres réalités moins satisfaisantes : les droits des uns violés pour l'avantage des autres, des libertés sacrifiées, des propriétés usurpées, des facultés limitées, des spoliations consommées. Et le monde peut-il être témoin d'un spectacle plus triste, plus douloureux, que celui de la force collective occupée à perpétrer les crimes qu'elle était chargée de réprimer ?

« En principe, il suffit que le gouvernement ait pour instrument nécessaire la *force*, pour que nous sachions enfin quels sont les services privés qui peuvent être légitimement convertis en *services publics*. Ce sont ceux qui ont pour objet le maintien de toutes les libertés, de toutes les propriétés, de tous les droits individuels, la prévention des délits et des crimes; en un mot, tout ce qui concerne la *sécurité publique*.

« Les gouvernements ont encore une autre mission.

« En tous pays, il y a quelques propriétés communes, des biens dont tous les citoyens jouissent par indivis, des rivières, des forêts, des routes. Par contre, et malheureusement, il y a aussi des dettes. Il appartient au gouvernement d'administrer cette portion active et passive du domaine **public.**

« Enfin de ces deux attributions en découle une autre :

« Celle de percevoir les contributions indispensables à la bonne exécution des *services publics*.

« Ainsi : Veiller à la sécurité publique,

« Administrer le domaine commun,

« Percevoir les contributions ;

« Tel est, je crois, le cercle rationnel dans lequel doivent être circonscrites ou ramenées les attributions gouvernementales.

« Cette opinion, je le sais, heurte beaucoup d'idées reçues. « Quoi ! dira-t-on, vous voulez réduire le gouvernement au « rôle de juge et de gendarme ! Vous le dépouillez de toute « initiative ! Vous lui interdisez de donner une vive impul- « sion aux lettres, aux arts, au commerce, à la navigation, « à l'agriculture, aux idées morales et religieuses. Vous le « dépouillez de son plus bel attribut, celui d'ouvrir au peu- « ple la voie du progrès ! »

« A ceux qui s'expriment ainsi, j'adresserai quelques questions.

« Où Dieu a-t-il placé le mobile des actions humaines et l'aspiration vers le progrès ? Est-ce dans tous les hommes ? ou seulement dans ceux d'entre eux qui ont reçu ou usurpé un mandat de législateur ou un brevet de fonctionnaire ? Est-ce que chacun de nous ne porte pas dans son organisation, dans tout son être, ce moteur infatigable et illimité qu'on appelle *désir ?* Est-ce qu'à mesure que les besoins les plus grossiers sont satisfaits, il ne se forme pas en nous des cercles concentriques et expansifs de désirs d'un ordre de plus en plus élevé ? Est-ce que l'amour des arts, des lettres, des sciences, de la vérité morale et religieuse, est-ce que la soif des solutions qui intéressent notre existence présente ou future, descend de la collectivité à l'individualité, c'est-à-dire de l'abstraction à la réalité, et d'un pur mot aux êtres sentants et vivants ?

« Si vous partez de cette supposition déjà absurde, que l'activité morale est dans l'État et la passivité dans la nation, ne mettez-vous pas les mœurs, les doctrines, les opinions, les richesses, tout ce qui constitue la vie individuelle, à la merci des hommes qui se succèdent au pouvoir ?

« Ensuite, l'État, pour remplir la tâche immense que vous voulez lui confier, a-t-il quelques ressources qui lui soient propres? N'est-il pas obligé de prendre tout ce dont il dispose, jusqu'à la dernière obole, aux citoyens eux-mêmes? Si c'est aux individualités qu'il demande des moyens d'exécution, ce sont donc des individualités qui ont réalisé ces moyens. C'est donc une contradiction de prétendre que l'individualité est passive et inerte. Et pourquoi l'individualité avait-elle créé des ressources? Pour aboutir à des satisfactions de son choix. Que fait donc l'État quand il s'empare de ces ressources? Il ne donne pas l'être à des satisfactions, il les *déplace*. Il en prive celui qui les avait méritées pour en doter celui qui n'y avait aucun droit. Il systématise l'injustice, lui qui était chargé de la châtier.

« Dira-t-on qu'en déplaçant les satisfactions, il les épure et les moralise? que des richesses que l'individualité aurait consacrées à des besoins grossiers, l'État les voue à des besoins moraux? Mais qui osera affirmer que c'est un avantage d'intervertir violemment, *par la force*, par voie de spoliation, l'ordre naturel selon lequel les besoins et les désirs se développent dans l'humanité? qu'il est moral de prendre un morceau de son pain au paysan qui a faim, pour mettre à la portée du citadin la douteuse moralité des spectacles?

« Et puis on ne déplace pas les richesses sans déplacer le travail et la population. C'est donc toujours un arrangement factice et précaire, substitué à cet ordre solide et régulier qui repose sur les immuables lois de la nature.

« Il y en a qui croient qu'un gouvernement circonscrit en est plus faible. Il leur semble que de nombreuses attributions et de nombreux agents donnent à l'État la stabilité d'une large base. Mais c'est là une pure illusion. Si l'État ne peut sortir d'un cercle déterminé sans se transformer en instrument d'injustice, de ruine et de spoliation, sans bouleverser la naturelle distribution du travail, des jouissances, des capitaux et des bras, sans créer des causes actives de chômage, de crises industrielles et de paupérisme, sans courir à des moyens toujours plus énergiques de répression, sans exciter le mécontentement et la désaffection, comment sortira-t-il une garantie de stabilité de ces éléments amoncelés de désordre?

« On se plaint des tendances révolutionnaires des hommes. Assurément on n'y réfléchit pas. Quand on voit chez un grand peuple les services privés envahis et convertis en services publics, le gouvernement s'emparer du tiers des richesses produites par les citoyens, la loi, devenue une arme de spoliation entre les mains des citoyens eux-mêmes, parce qu'elle a pour objet d'altérer, sous prétexte de l'établir, l'équivalence des services; quand on voit la population et le travail législativement déplacés, un abîme de plus en plus profond se creuser entre l'opulence et la misère, le capital ne pouvant s'accumuler pour donner du travail aux générations croissantes, des classes entières vouées aux plus dures privations; quand on voit les gouvernements, afin de pouvoir s'attribuer le peu de bien qui se fait, se proclamer mobiles universels, acceptant ainsi la responsabilité du mal, on est étonné que les révolutions ne soient pas plus fréquentes, et l'on admire les sacrifices que les peuples savent faire à l'ordre et à la tranquillité publique.

« Que si les lois, et les gouvernements qui en sont les organes, se renfermaient dans les limites que j'ai indiquées, je me demande d'où pourraient venir les révolutions. Si chaque citoyen était libre, il souffrirait moins sans doute; et si en même temps il sentait la responsabilité qui le presse de toutes parts, comment lui viendrait l'idée de s'en prendre de ses souffrances à une loi, à un gouvernement qui ne s'occuperaient de lui que pour réprimer ses injustices et le protéger contre les injustices d'autrui? A-t-on jamais vu un village s'insurger contre son juge de paix?

« L'influence de la liberté sur l'ordre est sensible aux États-Unis. Là, sauf la justice, sauf l'administration des propriétés communes, tout est laissé aux libres et volontaires transactions des hommes, et nous sentons tous instinc-

tivement que c'est le pays du monde qui offre aux révolutions le moins d'éléments et de chances. Quel intérêt, même
apparent, y peuvent avoir les citoyens à changer violemment l'ordre établi, quand d'un côté cet ordre ne froisse
personne, et que d'autre part il peut être légalement modifié au besoin avec la plus grande facilité ?

« Je me trompe. Il y a deux causes actives de révolutions
aux États-Unis : l'esclavage, et le régime restrictif. Tout le
monde sait qu'à chaque instant ces deux questions mettent
en péril la paix publique et le lien fédéral. Or, remarquez-le
bien, peut-on alléguer en faveur de ma thèse un argument plus décisif ? Ne voit-on pas ici la loi agissant en sens
inverse de son but ? Ne voit-on pas ici la loi et la force
publique, dont la mission devrait être de protéger les libertés et les propriétés, sanctionner, corroborer, perpétuer,
systématiser et protéger l'oppression et la spoliation ? Dans
la question de l'esclavage, la loi dit : « Je créerai une force
« aux frais des citoyens, non afin qu'elle maintienne cha-
« cun dans son droit, mais pour qu'elle anéantisse dans
« quelques-uns tous les droits. » Dans la question des tarifs,
la loi dit : « Je créerai une force aux frais des citoyens, non
« pour que leurs transactions soient libres, mais pour qu'elles
« ne le soient pas, pour que l'équivalence des services soit
« altérée, pour qu'un citoyen ait la liberté de deux, et qu'un
« autre n'en ait pas du tout. Je me charge de commettre
« ces injustices, que je punirais des plus sévères châti-
« ments si les citoyens se les permettaient sans mon aveu. »

« Ce n'est donc pas parce qu'il y a peu de lois et de fonctionnaires, autrement dit, peu de services publics, que les
révolutions sont à craindre. C'est, au contraire, parce qu'il
y a beaucoup de lois, beaucoup de fonctionnaires, beaucoup
de services publics. Car, par leur nature, les services publics, la loi qui les règle, la force qui les fait prévaloir, ne
sont jamais neutres. Ils peuvent, ils doivent s'étendre sans
danger, avec avantage, autant qu'il est nécessaire pour
augmenter la proportion des délits et des crimes, sans

faire régner entre tous la justice rigoureuse : au delà, ce sont autant d'instruments d'oppression et de spoliation légales, autant de causes de désordre, autant de ferments révolutionnaires.

« Parlerai-je de cette délétère immoralité qui filtre dans toutes les veines du corps social, quand, en principe, la loi se met au service de tous les penchants spoliateurs ? Assistez à une séance de la représentation nationale le jour où il est question de primes, d'encouragements, de faveurs, de restrictions. Voyez avec quelle rapacité éhontée chacun veut s'assurer une part du vol, vol auquel, certes, on rougirait de se livrer personnellement. Tel se considérerait comme un bandit s'il m'empêchait, le pistolet au poing, d'accomplir à la frontière une transaction conforme à mes intérêts ; mais il ne se fait aucun scrupule de solliciter et de voter une loi qui substitue la force publique à la sienne, et me soumette, à mes propres frais, à cette injuste interdiction. Sous ce rapport, quel triste spectacle offre maintenant la France ! Toutes les classes souffrent ; et, au lieu de demander l'anéantissement à tout jamais de toute spoliation légale, chacune se tourne vers la loi, lui disant : « Vous qui pou- « vez tout, vous qui disposez de la force, vous qui conver- « tissez le mal en bien, de grâce spoliez les autres classes « à mon profit ; forcez-les à s'adresser à moi pour leurs « achats, ou bien à me payer des primes, ou bien à me « donner l'instruction gratuite, ou bien à me prêter sans « intérêts, etc., etc... » C'est ainsi que la loi devient une grande école de démoralisation ; et si quelque chose doit nous surprendre, c'est que le penchant au vol individuel ne fasse pas plus de progrès, quand le sens moral des peuples est ainsi perverti par leur législation même.

« Ce qu'il y a de plus déplorable, c'est que la spoliation, quand elle s'exerce ainsi à l'aide de la loi, sans qu'aucun scrupule individuel lui fasse obstacle, finit par devenir toute une savante théorie qui a ses professeurs, ses journaux, ses docteurs, ses législateurs, ses sophismes, ses subtilités. Parmi les arguties traditionnelles qu'on fait valoir en sa faveur, il est bon de discerner celle-ci : Toutes choses égales d'ailleurs, un accroissement de *demande* est un bien pour ceux qui ont un service à offrir, puisque ce nouveau rapport entre une demande plus active et une offre stationnaire est ce qui augmente la *valeur* du service. De là on tire cette conclusion : La spoliation est avantageuse à tout le monde : à la classe spoliatrice, qu'elle enrichit directement; aux classes spoliées, qu'elle enrichit par ricochet. En effet la classe spoliatrice, devenue plus riche, est en mesure d'étendre le cercle de ses jouissances. Elle ne le peut sans *demander* dans une plus grande proportion les *services* des classes spoliées. Or, relativement à tout service, accroissement de demande, c'est accroissement de valeur. Donc les classes légalement volées sont trop heureuses de l'être, puisque le produit du vol concourt à les faire travailler.

« Tant que la loi s'est bornée à spolier le grand nombre au profit du petit nombre, cette argutie a paru fort spécieuse et a toujours été invoquée avec succès. « Livrons aux « riches des taxes mises sur les pauvres, disait-on ; par là « nous augmenterons le capital des riches. Les riches s'a- « donneront au luxe, et le luxe donnera du travail aux « pauvres. » Et chacun, les pauvres compris, de trouver le procédé infaillible. Pour avoir essayé d'en signaler le vice, j'ai passé longtemps, je passe encore pour un ennemi des classes laborieuses.

» Mais, après la révolution de février, les pauvres ont eu voix au chapitre quand il s'est agi de faire la loi. Ont-ils demandé qu'elle cessât d'être spoliatrice ? Pas le moins du monde : le sophisme des ricochets était trop enraciné dans leur tête. Qu'ont-ils donc demandé? Que la loi, devenue impartiale, voulût bien spolier les classes riches à leur tour. Ils ont réclamé l'instruction gratuite, des avances gratuites de capitaux, des caisses de retraite fondées par l'État, l'impôt progressif, etc., etc.... Les riches se sont mis à crier : « O scandale ! Tout est perdu ! De nouveaux barbares font

« irruption dans la société! » Ils ont opposé aux prétentions des pauvres une résistance désespérée. On s'est battu d'abord à coups de fusil; on se bat à présent à coups de scrutin. Mais les riches ont-ils renoncé pour cela à la spoliation? Ils n'y ont pas seulement songé. L'argument des ricochets continue à leur servir de prétexte.

« On pourrait cependant leur faire observer que, si, au lieu d'exercer la spoliation par l'intermédiaire de la loi, ils l'exerçaient directement, leur sophisme s'évanouirait. Si, de votre autorité privée, vous preniez dans la poche d'un ouvrier un franc qui facilitât votre entrée au théâtre, seriez-vous bien venu à dire à cet ouvrier : « Mon ami, ce franc va « circuler et donner du travail à toi et à tes frères? » et l'ouvrier ne serait-il pas fondé à répondre : « Ce franc cir« culera de même si vous ne me le volez pas; il ira au bou« langer au lieu d'aller au machiniste : il me procurera du « pain au lieu de vous procurer des spectacles? »

« Il faut remarquer, en outre, que le sophisme des ricochets pourrait aussi bien être invoqué par les pauvres. Ils pourraient dire aux riches : « Que la loi nous aide à vous « voler. Nous consommerons plus de drap, cela profitera à « vos manufactures; nous consommerons plus de viande, « cela profitera à vos terres; nous consommerons plus de « sucre, cela profitera à vos armements. »

« Malheureuse, trois fois malheureuse la nation où les questions se posent ainsi; où nul ne songe à faire de la loi la règle de justice; où chacun n'y cherche qu'un instrument de vol à son profit, et où toutes les forces intellectuelles s'appliquent à trouver des excuses dans les effets éloignés et compliqués de la spoliation ! »

J'ai dit, au commencement de cet écrit, que la liberté n'était pas seulement une affaire de sentiment, mais aussi une affaire d'argent; qu'elle intéressait nos bourses au moins autant que notre dignité; que cette vérité était écrite à chacune des pages de Bastiat. Elle ressort jusqu'à l'évidence des remarquables considérations que je viens de reproduire, et qui montrent comment la question de l'*impôt* se trouve liée avec celle des *attributions* gouvernementales. L'État ne peut, en effet, contrarier l'instinct naturel qui porte les hommes à user de leurs facultés, si l'on n'a mis dans ses mains de coûteux moyens d'oppression. Il attente donc à la propriété de deux manières en restreignant son libre usage et en détournant à son profit une partie de ses produits : il empêche la richesse de se développer, en même temps qu'il absorbe lui-même une partie de la richesse créée. Et la cause unique de ceci, c'est qu'on le fait sortir de son rôle de protecteur ; c'est qu'en dehors de cette mission légitime et nécessaire, on ne peut substituer l'action collective à l'action individuelle sans substituer du même coup l'oppression à la liberté. Avec une armée de cinq cent mille soldats et de cinq cent mille fonctionnaires, le despotisme est inévitable, l'économie impossible.

Les idées de Bastiat sur cette matière paraissent tellement simples, rationnelles, pratiques, qu'on ne peut se défendre du pressentiment qu'un jour les gouvernements seront ramenés par les leçons de l'expérience et par la force des choses aux limites que sa main prévoyante a tracées.

Les attributions ainsi réduites et simplifiées, la question de la *forme* du pouvoir perdrait beaucoup de son importance, ce qui n'est pas un des moindres avantages du système de Bastiat. Car si cette seconde question soulève plus de difficultés théoriques, met en jeu plus de passions, enfante plus de désordres que la précédente, c'est uniquement à cause de l'importance du rôle qu'on a fait au pouvoir.

Il est aisé de s'expliquer les divisions profondes de l'opinion sur ces matières, et l'esprit de violence et de ruse qui caractérise tous les partis, soit qu'il s'agisse de conquérir ou de conserver le gouvernement. Ce mot est en effet synonyme de toute-puissance. Il emporte, pour ceux-ci, un droit de contrôle absolu sur toutes les facultés humaines : le droit de réglementer la pensée, la prière, la parole, l'enseignement, le travail, l'échange, le crédit, la circulation ; pour ceux-là, le droit de réglementer l'individualité, la famille, la propriété, le capital, le salaire ; pour tous, le droit de puiser à discrétion dans la poche des uns pour verser dans la poche des autres, de conduire les peuples à la lisière comme des enfants, d'avoir l'œil ouvert sur tous leurs mouvements, l'oreille attentive à toutes leurs paroles, la main dans toutes leurs affaires. Ah ! certes je comprends qu'avec de telles idées chacun se passionne et s'agite pour faire prévaloir le gouvernement de son choix. Ce n'est pas le fanatisme, c'est l'intérêt personnel avec son impitoyable égoïsme ou ses âpres convoitises, qui parle au cœur des partis. Mais, franchement, si le pouvoir était dépouillé de cette omnipotence, le convoiterait-on avec tant d'ardeur pour soi, et le verrait-on avec tant d'effroi dans les mains de ses adversaires ? Qu'attendra-t-on pour reconnaître que le mal qui résulte d'une semblable organisation l'emporte de beaucoup sur le bien, s'il y en a ?

Et puis ne serait-ce pas quelque chose que de licencier ces hordes de suppliants et de mendiants qui livrent au pouvoir un éternel assaut, puisque avec les redoutables attributions dont il est armé disparaîtraient les nombreuses faveurs dont il dispose ? Ne serait-ce pas un immense bienfait que de combler cet abîme des fonctions publiques qui engloutit tant de précieuses choses, argent, activité, indépendance, désintéressement, dignité, pu-

deur, et qui vomit, lui aussi, des révolutions ? Eh bien!
tout cela est dans le système de Bastiat. Et qu'on ne
l'appelle pas une utopie, puisque c'est celui des États-
Unis.

La forme la mieux appropriée à cette situation entièrement nouvelle serait celle qui saurait le mieux se maintenir dans ces limites. On comprend, en effet, que le
gouvernement aurait toujours une capacité suffisante
pour veiller à la sûreté publique, pour administrer
les propriétés nationales, pour voter et percevoir les
impôts nécessaires au payement de la dette et des frais
de sa modeste gestion. Le point important serait qu'il
offrît des garanties de respect pour les droits retranchés
de ses attributions et restitués à l'individualité. Quelles
seraient ces garanties?

L'une des plus importantes serait l'*unité de principe*
dans le pouvoir. Les idées de division et de pondération
ont prouvé, de 1815 à 1848, ce qu'elles valaient, même
appliquées à un système de gouvernement qui touchait
a tout, qui absorbait dans sa sphère d'activité une partie
notable de l'activité privée, qui gérait de vastes intérêts et
remuait de vastes questions. Les principes antagoniques
n'y ont jamais reculé devant la responsabilité du dommage que leur lutte pouvait causer à la fortune et à la paix
publiques. A plus forte raison en serait-il ainsi sur un
théâtre plus restreint, et avec une responsabilité moindre.
Contradiction étrange! on voit des hommes partisans
passionnés, en matière religieuse, de l'uniformité, qu'ils
confondent avec l'unité, repousser obstinément celle-ci
en matière politique : là l'antagonisme leur paraît un
malheur, ici un bienfait. Quant à nous, nous voulons
l'unité en tout et pour tout, et en particulier dans le gouvernement.

Mais sur quel principe reposerait-elle ? Est-il besoin de le nommer ? Lorsque nous demandons qu'on restitue à la société l'usage des droits dont elle a été dépouillée, qu'on l'appelle à gérer seule ses intérêts privés, pourrions-nous vouloir qu'on lui enlève la gestion de ceux de ses intérêts collectifs qui n'échappent à l'action individuelle qu'à cause de leur indivision forcée ? Est-ce que cet état d'indivision change leur nature ? Ne sont-ce pas toujours les affaires du public ? N'est-ce pas à lui seul, par conséquent, qu'appartient le droit de désigner celui ou ceux qui les administreront pour lui ?

Que peuvent toutes les déclamations contre la souveraineté populaire, toutes les subtilités sur les mystérieuses origines du pouvoir, en présence des prescriptions du simple bon sens et de l'évidence du droit ? Déclamateurs et sophistes, retenez bien cette prophétie de l'un des plus grands citoyens dont s'honore la civilisation moderne, grand à la fois par l'intelligence et par le caractère : « Les efforts des nations pour recouvrer le droit de se gouverner elles-mêmes, a dit Jefferson, peuvent échouer une première fois, une seconde, une troisième encore. Mais une race plus jeune et plus éclairée s'avance, pénétrée du sentiment de ses droits : une quatrième, une cinquième tentative, ou toute autre de celles qui seront successivement essayées, ne peut manquer de réussir. »

Le principe de la souveraineté populaire serait-il, dans l'hypothèse où je raisonne, personnifié dans un seul ou dans plusieurs ? Laquelle, de l'unité individuelle comme en France en ce moment, ou de l'unité collective comme aux États-Unis depuis soixante-seize ans, offrirait le plus de garanties, non d'habileté, condition très-secondaire, j'ai déjà dit pourquoi, mais de continence ?

Ce petit livre vient au monde dans des temps difficiles, et cette question rencontre sur son chemin une constitution d'autant plus ombrageuse qu'elle est encore récente. Je m'abstiendrai donc de la résoudre.

Je pourrais sans doute la traiter à un point de vue purement historique : montrer, dans la première période de l'état social, les hommes gérant eux-mêmes leurs intérêts collectifs, puis se déchargeant de ce soin sur un seul ; le pouvoir individuel établissant sa perpétuité, étendant progressivement ses attributions, et fondant définitivement le despotisme, qui fut la seconde période de l'humanité ; la troisième période commençant avec la société moderne, qui revient laborieusement vers le point de départ, la liberté.

Je pourrais, après cela, peser ces deux modes de garantie dans l'état actuel de la civilisation, et, lorsque j'aurais à prononcer entre elles, faire observer que la constitution qui nous régit est en dehors du débat ; que je raisonne ici dans une hypothèse, celle d'un gouvernement constitué d'après les idées de Bastiat ; qu'il a posé des principes, et que je cherche le mécanisme qui serait le plus propre à les faire fonctionner ; que, tant que ces principes resteront, hélas ! à l'état de théorie, le mécanisme ne sera lui-même qu'une pure abstraction.

Voilà ce que je pourrais dire. Mais voulant éviter tout prétexte d'entrave à la publication de ce modeste écrit, j'aime mieux ne pas conclure sur ce dernier point, malgré l'importance capitale qu'il a à mes yeux.

CHAPITRE XIV.

La liberté.

Je viens de dire que les peuples désabusés revenaient
à leur point de départ, la liberté. Esquissons rapidement les événements qui ont signalé jusqu'ici cette troisième période de l'humanité. Ce chapitre servira de corollaire au précédent, et de préface à ceux qui suivent.
En montrant le mouvement irrésistible qui entraîne la
société moderne vers la liberté, il prouvera, d'une part,
la nécessité d'une organisation gouvernementale qui,
comme celle de Bastiat, s'harmonise avec cette tendance;
d'autre part, l'impuissance et le danger des obstacles
qu'on lui oppose, en contrariant l'homme dans l'exercice
de chacune de ses facultés.

Les questions diverses qui se rattachent à ce sujet seraient incomplétement traitées si je ne les envisageais
qu'au point de vue du moment actuel et de mon pays;
car tout se lie aujourd'hui en Europe. Nous avons vu
ailleurs comment la division du travail, combinée avec
sa coopération vers un but commun, constituait la condition la plus essentielle de la vie sociale. Nous avons vu
qu'on la retrouvait non-seulement entre les individus qui
forment une nation, mais entre les peuples divers qui
participent, chacun suivant un mode propre, à l'œuvre
commune. C'est là le principe de la solidarité humaine
dans l'ordre économique. Son action est la même dans
l'ordre politique, et elle est plus visible de nos jours
qu'elle ne le fut à aucune autre époque. La division géo-
graphique de l'Europe existe bien encore, mais l'esprit

d'unité domine l'esprit de nationalité, et cette fusion morale est le résultat non-seulement du développement et de la facilité des échanges, mais des efforts faits en commun pour conquérir la liberté. Nous allons les raconter.

La perspective d'une décadence plus ou moins prochaine, mais inévitable, frappe naturellement l'esprit, lorsqu'il s'arrête au souvenir des civilisations qui ont précédé la nôtre, lorsqu'il contemple les solitudes aujourd'hui silencieuses de l'Asie, les côtes dévastées de l'Afrique, les immenses ruines de l'Inde, de l'Égypte, de la Grèce et de l'Italie. Mais si, pénétrant au fond des choses, on recherche la cause de ces grandes catastrophes, on ne tarde pas à la trouver dans l'absence totale ou dans la violation partielle du principe de liberté, dans l'association du travail servile à la domination despotique ou turbulente des castes ou des multitudes, dans la misère et l'abjection des races conquises juxtaposées à l'oisiveté et à la dépravation des races conquérantes. L'esclavage peut bien s'allier au développement d'une civilisation rapide et brillante, mais bientôt il l'épuise et la corrompt. Le ciment de la liberté peut seul lui donner force et durée.

Le christianisme lui apporta dans toute sa pureté ce principe éminemment conservateur. Mais que d'épreuves il avait à traverser avant d'arriver à la possession définitive de la société! Dans l'historique rapide que nous allons tracer de ces péripéties, on remarquera que la lutte a souvent changé de terrain, se posant tantôt sur celui des intérêts spirituels, tantôt sur celui des intérêts matériels; mais on reconnaîtra en même temps que les premiers exercent une influence prépondérante sur les seconds, et que les conquêtes ou les revers de la liberté dans l'ordre politique correspondent toujours à un mouvement analogue dans l'ordre religieux. Il doit en être ainsi; car sur quel fondement solide reposerait la garantie des droits de cité, si les droits de la conscience étaient méconnus? Évidemment l'affranchissement de l'homme doit précéder et préparer l'affranchissement du citoyen.

La liberté, émanation de la morale religieuse, dut placer son berceau dans la société religieuse elle-même. En effet, pendant les premiers siècles de l'ère chrétienne, elle fut l'une des lois fondamentales de l'Église, alors dans sa pureté native. Elle ne trouvait dans les institutions municipales qu'un asile précaire, tous les jours plus disputé.

Du cinquième au neuvième siècle, elle fut submergée, dans la société civile, par le flot de l'invasion barbare; elle disparut aussi progressivement de la société religieuse, où l'esprit théocratique ne tarda pas à dominer.

Cet état de choses ne fit qu'empirer durant la période féodale qui succéda à la période barbare : le servage avait remplacé l'esclavage antique; la liberté ne vivait plus que dans les souvenirs.

C'est là que les rois vinrent la chercher, lorsqu'ils songèrent à s'en faire un appui pour briser la tyrannie qui pesait sur eux aussi bien que sur les peuples. Lorsqu'ils essayèrent de ranimer ce corps inerte, ils s'aperçurent, aux premiers battements de son cœur, que la vie y était assoupie, mais non éteinte. Ici s'ouvre la série des rudes labeurs dans lesquels la démocratie déploya tant de vigueur et de constance. Ceux qui se montrent prêts aujourd'hui à faire si bon marché de l'héritage de nos pères, ignorent sans doute ce qu'il leur a coûté.

Ce fut dans l'ordre spirituel, et sous la forme du droit d'examen, que se manifestèrent les premiers symptômes du réveil, à la fin du onzième et au commencement du douzième siècle, par la voix de Jean Érigène, de Roscelin, d'Abailard, et des libres penseurs de leur école. Ce premier mouvement, quoique timide en apparence, car il respectait les croyances reçues et se bornait à demander pour elles le contrôle de la raison, éveilla la sollicitude de Rome, qui en sentit toute la portée et parvint à le réprimer.

Mais si la liberté ne prenait qu'un timide essor dans le domaine de la pensée, elle se montrait plus hardie dans le domaine des faits. D'un bout de la France à l'autre, elle poussait les villes à l'insurrection contre la tyrannie intolérable des seigneurs. Dans ces mille combats partiels, livrés à la fois sur toute la surface du territoire, quelquefois victorieuse, souvent vaincue, elle finit par lasser l'opiniâtreté de ses oppresseurs, et par leur arracher les chartes qui garantissaient son existence au sein des cités. L'histoire n'a pu recueillir les faits héroïques et les souffrances sans nombre qui signalèrent cette guerre de détail pendant tout le onzième et une partie du douzième siècle; mais on peut s'en faire une idée par ce que l'histoire nous a transmis de la brutalité, de l'orgueil et de l'avidité de la noblesse féodale.

Tant d'efforts, tant de sang versé n'aboutissaient cependant encore qu'à la conquête des libertés locales; l'affranchissement du tiers état était borné aux murs d'enceinte des cités. Une nouvelle et bien plus longue lutte allait commencer pour la conquête des libertés politiques; car, en affaiblissant la noblesse, la démocratie avait travaillé au profit de la royauté, et s'était donné là un adversaire bien autrement redoutable, qui devait, avec le temps, lui ravir jusqu'à ses franchises municipales si chèrement acquises.

Lorsque, par l'abaissement de l'aristocratie, le pouvoir tendait à l'unité sous la forme monarchique, la nation y tendait aussi à son insu ; de telle sorte que ces deux grandes forces devaient être appelées un jour à se mesurer à armes égales, car l'antagonisme de leur principe rendait entre elles la lutte inévitable dans l'avenir. Cette œuvre de concentration succéda à celle de l'affranchissement des communes, œuvre de confusion et d'agitation, non moins féconde en douleurs que la précédente ; elle s'accomplit du treizième au seizième siècle, et donna à l'Europe moderne, comme l'a fait remarquer M. Guizot, le caractère qui la distingue de l'Europe primitive, en opérant la transformation des nombreux éléments de la société en deux éléments dominants : *le gouvernement* et *le peuple*.

Les croisades rapprochèrent pour la première fois non-seulement les membres épars du corps social dans chaque pays, mais les nationalités diverses. Elles furent, par conséquent, la première impulsion vers l'unité nationale, si complétement réalisée aujourd'hui, et vers cette autre unité qui n'est encore réalisée qu'à demi : l'unité européenne.

Les hommes rassemblés se comptèrent ; la démocratie commença à connaître ses forces et à vouloir sortir du néant. La fondation des républiques de l'Italie, de la Flandre, du Rhin, de la ligue anséatique, la révolte des Albigeois, dans le midi de la France, attestent ses premiers efforts ; mais ces tentatives prématurées échouèrent devant la redoutable coalition des classes privilégiées, plutôt cependant en France, où elles furent promptement noyées dans le sang, qu'en Italie, où elles eurent de l'éclat et de la durée. Restait à la démocratie française l'institution des états généraux, dans laquelle

elle n'avait joué jusque-là qu'un rôle dérisoire, et qui valait plutôt comme protestation en faveur du droit que comme garantie sérieuse. Cette institution prit une importance momentanée après la bataille de Poitiers, qui avait abattu le roi et la noblesse; mais la bourgeoisie ne garda pas longtemps le pouvoir, et les paysans succombèrent à leur tour dans leur tentative de jacquerie.

La société reprit alors patiemment, pendant toute la durée du quinzième siècle, son œuvre de centralisation; mais les deux éléments qui la composaient grandirent dans des proportions bien différentes. Si la nation conquérait définitivement son unité dans la guerre de l'indépendance contre les Anglais, le pouvoir royal fondait son despotisme en humiliant la puissance des grands vassaux, en organisant les armées permanentes, les impôts, la justice, la diplomatie. C'était aussi le temps où la papauté fondait le sien en étouffant les schismes, et en faisant prévaloir son autorité sur celle des conciles. Ainsi, à la fin de ce siècle, dans l'ordre politique, comme dans l'ordre spirituel, la liberté était vaincue; mais le ressort, violemment comprimé, allait bientôt se détendre avec une énergie nouvelle : les querelles de l'Église, auxquelles tous les esprits élevés avaient pris part, l'impression produite par le martyre de Jean Huss et par la guerre opiniâtre de ses partisans, l'étude de l'antiquité, qui avait réveillé les souvenirs glorieux de la démocratie, le progrès merveilleux des arts, qui avait raffiné les mœurs et ennobli les intelligences, le goût des expéditions lointaines, qui avait mis en contact les civilisations diverses, enfin la découverte de l'imprimerie, cette puissante auxiliaire de la liberté, tout avait contribué à répandre en Europe le goût des idées nouvelles.

Au seizième siècle était réservée la gloire de leur donner une impulsion qui ne doit plus désormais s'arrêter. La lutte entre l'absolutisme et la liberté prit dès lors des proportions et un intérêt passionnés qui ont toujours été grandissant. L'histoire des trois derniers siècles a été comparée à une bataille en trois journées, où entrent successivement en ligne l'esprit religieux, l'esprit philosophique et l'esprit politique.

L'esprit religieux d'abord. La réforme débute en Suisse et en Allemagne par les prédications de Zwingle et de Luther, et par une ligue de petits princes allemands peu formidable en apparence, et qui résiste cependant à la puissance combinée de Charles-Quint et du pape. Elle y reparaît plus tard avec éclat dans la guerre de trente ans, qui assure son établissement définitif dans les pays d'outre-Rhin.

Elle triomphe également en Angleterre, et, bien que très-incomplète encore, puisque c'est avec l'aide et au profit du despotisme, elle communique cependant, aux germes d'une liberté jusque-là précaire parce qu'elle n'était pas sortie de la sphère politique, cette puissance de vitalité qui enfantera plus tard les conquêtes de la révolution de 1688. En ce moment elle fait un pas de plus en avant, et entraînera probablement la chute du vieux système féodal dans la société politique[1].

En Espagne, en Italie, elle est étouffée sous les serres de l'inquisition.

En France, elle produit Calvin et se traîne expirante, à travers les guerres civiles et les persécutions, jusqu'au dix-huitième siècle, léguant à l'esprit philosophique la poursuite de son œuvre interrompue. Avant de succom-

---

[1] Voir, sur l'origine et les progrès des Églises libres d'Angleterre, le livre intéressant de M. Merle d'Aubigné, intitulé : *Trois siècles de lutte en Écosse.*

ber, elle eut du moins la consolation de voir le principe de la liberté religieuse et de la liberté civile assez puissant en Europe pour réunir dans une ligue commune, sous la direction du prince d'Orange, non-seulement tous les peuples réformés, mais ses plus implacables ennemis eux-mêmes, le pape et l'empereur, contre Louis-XIV, le représentant et le défenseur déclaré de l'idée absolutiste. Mais les temps avaient si bien marché, l'esprit de la réforme accompli au dehors avait si puissamment réagi, même en France, sur le pouvoir et sur la société, qu'en 1712, comme l'a écrit M. Guizot, la monarchie pure était aussi usée que le monarque lui-même. Le principe de liberté continua à progresser dans les esprits pendant toute la durée du siècle, et passa enfin dans les faits avec la révolution de 1789.

Nos pères purent croire son triomphe définitif; mais trois causes devaient l'ajourner pour longtemps encore. La première et la plus décisive, c'est que les modifications opérées dans les esprits n'avaient amené aucun changement dans les institutions religieuses, qui restèrent attachées aux flancs de la révolution politique pour la miner sourdement. La seconde, c'est que la liberté ne pouvait manquer, dans son premier élan, de dépasser le but, et de se déshonorer par des excès dont le souvenir sans cesse rappelé éloignerait d'elle pour longtemps la foule des hommes timides et à courte vue. La troisième enfin, c'est que cette révolution n'était que partielle, et que, tant qu'il resterait à l'absolutisme un coin de terre en Europe, il dirigerait de là ses attaques contre la liberté avec la persévérance et la perfidie qui sont le caractère dominant de sa politique. Ces trois faits expliquent toutes les péripéties qui se sont produites depuis soixante ans : la liberté tant de fois reconquise et reperdue, l'hésitation des uns, l'égarement des autres, la démoralisation de tous.

Mais ce ne sont là que les incidents ordinaires du drame humain, qui ralentissent la marche de l'action sans rien changer au dénoûment. Ce drame ne se déroule pas au hasard ; Dieu en a arrêté les phases principales, et en a abandonné aux hommes les péripéties diverses. Il s'est réservé les causes finales, et nous a abandonné les causes secondaires, conciliant ainsi son immuable volonté avec l'exercice de notre libre arbitre. Ces incidents passagers, qui semblent quelquefois aller en sens inverse des plans de Dieu, sont le fait de la liberté, l'œuvre des volontés individuelles, qui se mêlent et se croisent avec l'œuvre de Dieu, sans jamais pouvoir cependant la compromettre ou l'anéantir. La sagesse humaine consiste à démêler, au sein de cette perpétuelle confusion, le sens de la pensée divine, afin de la seconder, car tout dissentiment avec elle s'expie par la souffrance. Or il nous semble que l'étude des révolutions sociales aboutit à la même conclusion que celle des phénomènes économiques, à savoir que *Dieu conduit la famille humaine à l'unité par la liberté*. Nous aurons l'occasion de revenir sur cette interprétation, qui doit être le fondement de nos convictions.

CHAPITRE XV.

Liberté de conscience.

Le fait historique le plus universel, le plus continu c'est sans contredit celui que, dans les pages que nous avons citées, Bastiat a désigné sous son vrai nom, *l'esclavage mental*. C'est l'aberration du sentiment religieux; c'est la soumission aveugle avec laquelle les hommes de tous les temps et de tous les pays ont asservi leur conscience à la conscience d'autres hommes; c'est l'habileté avec laquelle ceux-ci ont conquis, maintenu et surtout exploité cette suprématie; c'est l'infinie variété des formes qu'entre leurs savantes mains la superstition a revêtues; c'est enfin la masse incalculable de hontes, de misères et de calamités qu'elle a attirée sur l'espèce humaine.

Lorsque le christianisme vint apporter remède à ces maux, la règle de conduite de ses ministres se trouva nettement tracée dans cette mémorable parole de son fondateur : « Mon royaume n'est pas de ce monde. » L'attachement aux intérêts terrestres avait été en effet le mobile générateur de toutes les théocraties, et il voulut soustraire le christianisme aux envahissements de l'esprit théocratique.

Cette sainte maxime fut traduite en langage humain par celle-ci : *Séparation du spirituel et du temporel.* Elle fut l'arme toujours respectée que l'Église naissante opposa aux conquérants barbares et qui sauva son inviolabilité. Mais cette sage tradition s'oblitéra peu à peu, et l'Église de Rome devint avec le temps une puissance terrestre; les richesses s'accumulèrent dans son sein; elle prit une part toujours croissante dans les affaires de l'Europe ; elle fit la guerre, elle intervint dans tous les traités, et devint théocratie : son royaume fut de ce monde.

La force matérielle ne lui aurait jamais donné tant de puissance. Elle avait dû recourir aux mêmes moyens que les théocraties ses devancières ou même ses contemporaines dans d'autres parties du globe, et parmi ces moyens le plus infaillible était l'*asservissement des consciences*.

Cette doctrine, nettement formulée dans ce mot célèbre d'un pape : « La liberté de conscience est une folie, » fut soutenue par des arguments théologiques et par des arguments philosophiques. Les derniers seuls sont de la compétence de cet écrit. On n'a pas la prétention d'y épuiser une question qui, depuis des siècles, domine toutes les autres préoccupations de l'esprit humain, et qui a enfanté des volumes par centaines ; on n'en indiquera que les traits principaux. Après les raisons viendront les faits.

De ces faits eux-mêmes on négligera tous ceux qui, quoique vrais, auraient un caractère trop accusateur, tels que la séduction par les pompes extérieures, l'intimidation par la persécution des hérésies. L'écrivain doit éviter jusqu'aux apparences mêmes de la passion ; car la vérité suspecte de passion perd dans la lutte la moitié de ses forces ; il doit ensuite avoir toujours présente à l'esprit cette sage observation de Jefferson : « L'expé-« rience m'a appris à avoir moins de confiance dans les « conclusions de la raison humaine, et à croire plus ai-« sément à la bonne foi des opinions contraires. »

Je me bornerai donc à combattre cette doctrine par le simple raisonnement et par la démonstration de son influence désastreuse sur la condition matérielle des peuples. Je ferai voir ensuite que, bien que le principe de la liberté de conscience soit proclamé un droit chez la plupart des nations civilisées, en fait c'est le principe contraire qui prévaut et qui retarde l'avénement définitif de toutes les autres libertés ; enfin, si j'indique comment cette liberté pourrait, sans secousse et sans violence, passer de l'état précaire où elle végète à une franche et complète application, j'aurai décrit le second en importance des phénomènes anormaux de la société, et j'aurai tracé la voie à suivre pour le faire disparaître.

On invoque, en faveur de la nécessité d'une autorité régulatrice en matière de croyances, la faiblesse et les passions de l'homme ; on étale complaisamment aux regards la nomenclature de nos infirmités, et malheureusement elle est longue. Puis l'on s'écrie : « Est-il possible « de laisser sans guide et sans appui une si misérable « créature? Est-il sage de laisser à sa disposition une « arme aussi meurtrière que la pensée? »

C'est, comme on le voit, l'éternel argument de l'abus contre l'usage, celui qui a servi de prétexte à toutes les tyrannies. On peut, avec cette raison-là, interdire à l'homme l'usage de toutes ses facultés sans exception; car, dans toutes, le mal est à côté du bien. La liberté d'aller et de venir est assurément la plus élémentaire, la plus légitime, la plus indispensable, la plus inoffensive aussi en apparence; elle a cependant encore des inconvénients, et si je vous disais qu'on peut s'autoriser de ces inconvénients pour emprisonner l'espèce humaine ou pour lui ôter l'usage de ses pieds, vous répondriez que ma supposition est absurde, que mon objection n'est pas sérieuse. Cependant j'aurais avancé un fait exact. Dans un continent une fois plus peuplé que l'Europe, en Asie, et même dans une partie de l'Afrique, ce n'est point, si vous le voulez, la totalité, mais la moitié de l'espèce humaine qui, sous prétexte des dangers de la libre circulation, est condamnée à l'emprisonnement ou à la mutilation. Cela vous prouve que, quand on part d'un principe faux, on arrive infailliblement à ses conséquences les plus monstrueuses.

Le principe est faux, en effet. Lorsque Dieu a placé dans le cœur de l'homme à côté de l'amour du bien la tendance au mal, il a cru sans doute cela nécessaire. Nous avons vu que, dans l'ordre des intérêts matériels, la mission de l'erreur était de ramener l'homme à la vérité par la souffrance qu'il s'impose à lui-même ou qu'il impose aux autres, et nous avons déduit de cette observation la double loi de la responsabilité et de la solidarité.

L'analogie nous induit à penser qu'il en est de même dans la sphère des intérêts spirituels; car là aussi l'erreur conduit à la souffrance, et la souffrance à la vérité; là aussi la perfectibilité est dans l'usage du libre arbitre.

Aux socialistes qui ont la prétention de substituer l'autorité à la responsabilité, Bastiat a toujours objecté : « Prouvez-moi que vous n'êtes pas des hommes comme les autres. » Cette objection a été faite aussi aux théocraties de tous les temps, et toutes y ont répondu en se disant directement inspirées de Dieu. Je n'ai pas à discuter ce point, qui est étranger à l'économie politique; je renvoie le lecteur à la Bible et aux livres de théologie, et si, contrairement à l'opinion d'une moitié de la famille chrétienne, il trouve cette prétention justifiée, je n'aurai plus rien à dire.

Je m'étonnerai seulement, au point de vue philosophique, que Dieu, qui nous a donné des bras pour tra-

vailler, des jambes pour marcher, une tête pour penser,
nous ait donné une conscience pour ne pas juger. Je me
demanderai ensuite en quoi consistera la moralité de nos
actions, s'il nous est interdit de discuter la vérité pour
l'admettre ou la rejeter. On me répond : Vous serez ré-
compensés ou punis suivant que vous croirez ou que
vous ne croirez pas à la mission que nous avons reçue
de vous enseigner cette vérité, c'est-à-dire à notre
infaillibilité. Ainsi toute la moralité de l'homme se
résumerait dans la discussion de ce simple fait, et la
vérité fondamentale, sublime, celle qui définit la nature
de nos rapports avec Dieu, celle-là serait interdite à notre
examen ! Il me semble que c'est réduire à de bien chétives
proportions le rôle de la conscience, le cercle de la moralité. Un second argument, qui n'est en quelque sorte que
le prolongement du premier, c'est le grand intérêt qu'a
la société à maintenir dans son sein l'*unité* de croyances.
Ce sophisme repose sur une fausse compréhension du
mot unité ; nous allons tâcher de lui rendre son véritable
sens.

Dans la contemplation de la nature, tandis que le vulgaire n'est frappé que de la *diversité*, la science, qui
regarde au fond des choses, découvre l'*unité*. Ce sont, en
effet, les deux caractères dominants et inséparables de la
création ; la diversité s'étend aux moindres détails, différencie non-seulement les genres, les espèces, les individus,
mais les parties homogènes de chaque individu ; l'unité
réunit, par un lien visible aux yeux de la science, ces
éléments divers en un seul faisceau et les rattache, par un
lien invisible, à un principe unique, à Dieu. Ainsi dans
l'œuvre de la création il y a *diversité* sans *antagonisme*,
unité sans *uniformité*. En d'autres termes, l'unité est la
combinaison harmonique de la diversité, l'uniformité est

l'absence de diversité. Or l'unité est partout dans la nature animée, l'uniformité nulle part. Pourquoi cela? Parce que l'une est la vie, l'autre la mort. En raisonnant encore ici par analogie, est-il possible d'admettre que les lois particulières qui régissent la conscience fassent exception aux lois générales de l'univers? Que seules elles admettent le principe mortel de l'uniformité? On a dit que l'exception confirmait la règle; on aurait dû dire qu'elle la détruisait. Tous les jours, en effet, la science constate que des phénomènes, considérés jusqu'ici comme exceptionnels, ne sont autre chose que le produit de quelque loi qui était restée inaperçue; que tout est indissolublement lié, sans la moindre solution de continuité, dans l'œuvre immense de Dieu.

L'observation, appliquée au fait particulier qui nous occupe, a prouvé qu'il est d'accord avec l'ensemble du système, observation du reste faite en grand sur la plus large échelle possible, sur une hémisphère. L'Amérique est divisée en deux parties à peu près égales. Au nord domine la liberté de conscience, et, comme conséquence, une infinie *diversité* de sectes toutes réunies dans le grand principe de l'*unité* chrétienne, comme les enfants d'une même famille entre lesquels il n'y a d'autre différence que les noms de baptême. Au midi règne despotiquement l'esclavage mental, et, comme conséquence, l'*uniformité*. Là, le sentiment religieux, plein de zèle et de vie, imprime aux caractères un cachet remarquable de moralité et ne dégénère jamais en antagonisme violent. Ici, il est frappé d'inertie, il s'évapore bruyamment dans les pratiques et les pompes du culte, mais n'arrive pas jusqu'à l'âme et laisse la société livrée à tous les désordres. Cette différence s'explique : le sentiment de la rivalité agit sur le zèle religieux, comme l'aiguillon de la concurrence sur l'intérêt personnel. Cela est si bien vrai, que les Églises catholiques de l'Union américaine ont à tous égards une immense supériorité sur celles de l'Amérique méridionale.

Je le déclare donc : les raisons que je viens d'examiner ne me paraissent pas suffisantes pour qu'on refuse à l'homme l'usage de la plus noble de ses facultés et l'examen du sujet qui l'intéresse le plus, la nature de ses rapports avec Dieu et le problème de sa destinée future.

Si cette question n'intéressait que notre vie à venir, elle n'aurait pas trouvé place ici. Mais l'erreur, quelle que soit sa nature, se résout inévitablement en dommage matériel ; c'est un des côtés par lesquels celle que nous discutons en ce moment se rattache à l'économie politique. Il en est un autre : c'est qu'elle engendre d'autres erreurs. Nous allons traiter la question sous ces deux aspects.

L'homme déshérité de l'un de ses principaux attributs, la liberté, n'est plus qu'un être incomplet. Privé de son principal ressort moral dans la vie spéculative, il perd une notable partie de sa valeur dans la vie active ; son énergie s'éteint dans l'esclavage, plus ou moins, suivant que cet esclavage est complet ou partiel. Les preuves abondent à l'appui de cette vérité.

Si je comparais les deux Amériques au point de vue de l'activité industrieuse et de la prospérité matérielle, je trouverais une immense différence entre la région du libre examen et celle de l'autorité imposée. Mais on pourrait croire que cette différence a pour cause le génie propre aux deux races, bien qu'à mes yeux le caractère divers des peuples soit uniquement le résultat de leurs institutions. Mais pour écarter tout prétexte, je chercherai des points de comparaison, non point même dans les nations européennes entre elles, mais dans les populations d'un même pays. Si vous parcourez l'Allemagne ou la Suisse, toute contrée en un mot où les deux principes vivent côte à côte, vous trouverez partout, comme en Amérique, l'immense supériorité morale et matérielle des peuples qui jouissent de la liberté de conscience sur ceux qui en sont privés. Je renvoie le lecteur, pour la preuve de ce fait, à l'ouvrage de Charles de Villers[1], et au besoin à la notoriété publique. Il est du reste une réflexion qui frappe tous les esprits, c'est que le peuple qui a occupé la première place dans l'histoire du monde est aujourd'hui l'un des plus misérables de l'Europe, et cependant Rome tient le sceptre de la domination sur les consciences.

On me dira que, dans le code de la plupart des nations civilisées, la liberté de conscience est admise en principe; je reconnais cela, mais je prétends qu'elle n'est que très-imparfaitement pratiquée. J'en donnerai une raison qui me dispensera de citer les faits nombreux qui se pressent sous ma plume. Dans le petit nombre des religions exclusivement investies en Europe du droit de cité, il en est qui reposent sur la négation des droits de la conscience. Or les subventions, les faveurs exceptionnelles dont elles sont l'objet, contribuent à propager le principe qu'elles patronnent avec un zèle d'autant plus ardent qu'il est leur raison d'être. Est-il étonnant, après cela, que l'esprit d'absolutisme pénètre la société tout entière, et avec lui l'esprit d'intolérance contre les idées libérales? C'est ainsi que l'erreur engendre l'erreur. Il n'est pas de plus grand malheur pour un peuple que l'incompatibilité de principes

----

[1] *De l'Influence de la Réforme,* livre remarquable couronné par l'Institut.

entre ses institutions religieuses et ses institutions politiques. M. Guizot a caractérisé cette situation douloureuse
dans les lignes qui suivent : « De nos jours, par le cours
« des événements, par des fautes réciproques, la religion
« et la société ont cessé de se comprendre et de marcher
« parallèlement. Les idées, les sentiments, les intérêts
« qui prévalent maintenant dans la vie temporelle ont été,
« sont chaque jour condamnés, réprouvés au nom des
« idées, des sentiments, des intérêts de la vie éternelle.
« La religion prononce anathème sur le monde nouveau
« et s'en tient séparée ; le monde est près d'accepter l'a-
« nathème et la séparation. »

Tout cela est très-vrai, sauf la conclusion, qui est bien
loin d'être aussi simple et aussi pacifique. Lorsque les
choses en sont à ce point, la guerre est inévitable entre
les deux principes antagoniques, guerre déplorable par les
moyens employés, qui sont d'une part l'artifice, de
l'autre la violence ; guerre non moins déplorable par son
dénoûment, qui est ou la prédominance, mortelle à la
civilisation, de l'élément théocratique, ou l'anéantissement du sentiment religieux, et, dans tous les cas, la persécution des consciences.

L'économie politique a pour unique mission d'étudier
les phénomènes normaux et anormaux de la société et de
signaler la cause de ceux-ci. A d'autres appartient le soin
de leur chercher un remède. Cependant il ne lui est pas
interdit d'indiquer les moyens qui peuvent préparer les
voies à une guérison complète. Je crois qu'ici il en est
un : c'est le retour à la maxime de la primitive Église, *la
séparation du spirituel et du temporel*, le divorce de
l'Église et de l'État, l'indépendance respective de ces deux
puissances, la suppression de toutes faveurs publiques,
de tout salaire ; car, après tout, l'État ne doit à l'Église

autre chose que ce qu'il doit à tous les autres intérêts sociaux, la protection. Enfin, comme complément de ce système, je réclamerais la tolérance la plus large en matière de croyances religieuses, la liberté la plus absolue de discussion. Car de la libre discussion, en religion comme en politique, doit sortir infailliblement le triomphe de la vérité sur l'erreur. Cette démonstration sera l'objet du chapitre suivant.

CHAPITRE XVI.

Liberté de discussion.

Comment l'humanité est-elle sortie de l'enfance? Comment s'est-elle élevée par degrés de la barbarie à la civilisation? En soumettant la nature à ses lois, dans l'ordre matériel; en découvrant la vérité, dans l'ordre moral. A-t-elle employé deux procédés différents pour progresser dans l'une et l'autre voie? Au premier abord, cette question paraît oiseuse; on répondra unanimement que l'homme s'est élevé au-dessus de la bestialité, qui était son état primitif, avec le secours de son intelligence. Mais si vous dites que, puisque cet instrument l'a si bien servi, il doit continuer à y recourir pour s'élever encore, on vous arrêtera tout net par une distinction entre les vérités matérielles et les vérités morales. On vous concèdera l'usage de votre pensée pour les premières, on vous le refusera pour les secondes; on vous accordera la *liberté* dans un cas, on vous imposera la *contrainte* dans l'autre. C'est cette distinction que nous avons déjà combattue dans le domaine religieux, et que nous avons à combattre encore dans un autre ordre d'idées. Nous dévoilerons ensuite les mobiles intéressés qui lui ont donné naissance. Prenons donc l'humanité à son berceau, et suivons chacun de ses pas dans la double voie qui s'ouvrait devant elle.

Pour satisfaire le besoin le plus immédiat, le plus urgent qui se révélait à lui, le besoin de manger, l'homme se précipita sur les fruits spontanés, sur les animaux sauvages qui se trouvaient à la portée de sa main. Puis il fut obligé d'aller les chercher au loin ; enfin, les fruits disparaissant par le changement des saisons, la proie devenant plus rare par suite de la destruction, il fut contraint, malgré sa répugnance, de s'adresser à des aliments d'un ordre inférieur. Ce premier avertissement de la souffrance, plusieurs fois répété, en lui conseillant l'épargne, fit gravir à son éducation intellectuelle le premier échelon, celui de *l'expérience personnelle*.

Mais les besoins et les obstacles se multipliant, et avec eux la privation, sa propre expérience ne lui suffit plus ; il sentit la nécessité de s'aider de celle de ses semblables ; il inventa la parole, et atteignit le deuxième degré, celui de *l'expérience communiquée*.

Enfin, la vie, dans son mouvement d'expansion continue, provoquant un mouvement analogue dans les moyens de satisfaction, la génération suivante ajouta à sa propre expérience celle de la génération qui l'avait précédée. Le troisième échelon se trouva franchi, celui de *l'expérience transmise*.

Ainsi, dans ses conquêtes sur la nature, l'intelligence humaine a marché appuyée sur ces trois forces : *l'expérience*, la *communication*, la *tradition*. A-t-elle procédé autrement dans ses conquêtes morales ?

Lorsque l'homme, en s'aidant de ses propres lumières, de celles de ses voisins et de celles de ses pères, fut parvenu à assurer ses moyens d'existence, les nécessités de l'ordre moral ne tardèrent pas à se révéler à lui. Il vit ses provisions exposées au vol et au pillage, et il comprit l'injustice. Mais comme il échoua souvent, soit dans ses efforts pour la repousser, soit dans ses représailles contre le spoliateur, il sentit que le plus sûr moyen de s'y soustraire serait d'inspirer à ses semblables la haine qu'il avait conçue contre l'injustice. Il eut d'autant plus facilement accès dans l'esprit des autres hommes, que ceux-ci en avaient été victimes aussi, et racontaient, de leur côté, les formes multiples sous lesquelles elles s'étaient produites. A la suite de cet échange d'impressions, la loi du respect de la propriété fut reconnue par tous les membres de la communauté comme une loi tutélaire. Ils durent s'entendre ensuite sur les moyens de la faire observer, en punissant ceux qui la transgresseraient. De là la nécessité de discuter l'organisation politique de la tribu. Lois et organisation bien rudimentaires encore, mais auxquelles chaque génération nouvelle apporta les améliorations que lui indiquait sa propre expérience. Ainsi sortit peu à peu du chaos des intelligences l'ordre moral tout entier.

Ainsi tombe aussi la distinction qu'on a voulu établir entre les vérités de l'ordre moral et celles de l'ordre matériel, quant à leur mode de constatation et à leur marche progressive. Les lois destinées à faire régner la justice sur la terre, aussi bien que celles qui enseignent à créer la richesse, ont été découvertes et perfectionnées avec le secours de ces trois forces combinées : l'expérience, la communication, la tradition.

A chacune de ces trois forces correspond une liberté : *liberté de pensée*, *liberté de discussion*, *liberté d'enseignement*. Elles sont, en effet, le complément indispensable des forces intellectuelles dans les rapports de l'homme avec la *nature*, comme nous l'avons démontré dans la première partie; dans ses rapports avec *Dieu*, comme nous l'avons établi dans le chapitre précédent; dans ses rapports avec ses *semblables*, comme nous allons tâcher de le prouver dans celui-ci et dans le suivant.

Comment l'homme, dans ses rapports sociaux, a-t-il abdiqué cette triple liberté? Il y a été amené souvent par la force, quelquefois par l'artifice. Nous combattrons plus tard les sophismes à l'aide desquels on lui a persuadé que l'oppression et la restriction feraient fructifier son travail; nous n'avons à nous occuper ici que de ceux dont on s'est servi pour lui faire accepter le joug de la pensée.

On a employé le même procédé que pour asservir sa conscience : l'étalage de toutes les aberrations auxquelles peut se livrer l'esprit humain, le mal mis en relief, et le bien laissé dans l'oubli. La parole parlée et la parole écrite, la liberté de réunion et la liberté de la presse ont été signalées comme les plus redoutables fléaux, comme les dissolvants de toute société. Quelque grande que fût la crédulité publique, ceux qui émirent la prétention de substituer leur propre intelligence à celle de tout le monde n'osèrent point cependant, sauf quelques exceptions qui remontent à l'enfance des peuples, se dire inspirés de Dieu. Ils se reconnaissaient hommes comme les autres hommes, et personne ne s'avisa de leur demander pourquoi ils seraient plus infaillibles que leurs semblables, pourquoi la passion et l'intérêt ne les égareraient pas aussi. On se condamna volontairement au mutisme pour tout ce qui touchait aux grands intérêts sociaux. On éleva même la loi politique à la dignité d'un dogme immuable et inattaquable.

Ceux qui voulaient venger Dieu et la vérité de l'outrage qu'on lui faisait ne furent pas écoutés lorsqu'ils disaient : « Vous qui supposez que, dans une lutte à armes égales, l'erreur doit l'emporter sur la vérité, ne voyez-vous pas qu'en vous calomniant ainsi, vous calomniez la Providence, qui, en livrant l'homme sans défense à l'empire du mal, aurait commis la plus révoltante injustice? Comment pouvez-vous admettre qu'elle ait créé le monde moral en sens inverse du monde physique, en décrétant dans le premier la prédominance nécessaire du mal sur le bien, tandis qu'elle décrétait l'ordre et l'harmonie dans le second? Regardez autour de vous. Est-ce que les grands principes qui forment le code de toutes les nations ne sont pas une conquête du libre arbitre de l'homme, la preuve d'une tendance contraire à celle que vous lui supposez? Et si vous reconnaissez qu'il en est arrivé là avec ses propres forces, pourquoi voulez-vous l'empêcher d'aller plus loin? Pouvez-vous assigner une limite à son perfectionnement? La société périt-elle dans les pays où règnent de la manière la plus absolue la liberté de la presse et la liberté de réunion? N'est-elle pas, au contraire, plus stable et plus prospère là que partout ailleurs? Elle a cependant aussi des ennemis dans son sein ; la misère, l'envie et les mauvaises passions n'y sont pas inconnues. Est-ce par des lois de restriction ou de persécution qu'elle s'est défendue contre leurs attaques? Voici le jugement qu'on y porte sur ces sortes d'expédients.

On se dit qu'ils ne peuvent avoir qu'un temps ; que, tôt ou tard, il faut revenir à la liberté ; que les violences de la presse ne sont jamais plus redoutables que dans les moments qui suivent les périodes de compression ; que le plus sûr moyen d'échapper à ces crises est de faire de la liberté l'état permanent et normal du pays.

La société a eu assez de foi en elle-même et dans la puissance du bien pour adopter résolûment ce régime. Elle savait que ses adversaires s'useraient contre cette force de vitalité, cette *vis medicatrix* dont Dieu a pourvu le corps social aussi bien que le corps humain ; qu'ils se discréditeraient par leurs emportements et par leurs excès même ; qu'avec le temps les *meetings* dangereux se trouveraient sans auditeurs, et les mauvais jour-

naux sans lecteurs ; qu'il suffirait de veiller plus active-
ment pendant cette épreuve à ce que les lois ne fussent
pas transgressées ; après quoi, la liberté ayant définitivement passé dans les mœurs, la société n'aurait plus
rien à craindre. Madame de Staël a dit : « En général,
dans un pays où il n'y a pas de liberté, il ne se trouve
d'énergie que parmi les factieux. Mais dans un pays libre,
l'appui de la loi et le sentiment de la justice rendent la
résistance des amis de l'ordre et de la vraie liberté tout
aussi forte que pourrait l'être l'attaque des anarchistes. »
Les peuples qui ont osé essayer de la liberté ont vérifié
la justesse de cette théorie.

Ce succès n'a pas été sans doute l'affaire d'un jour ; il
a été acheté par de longues perplexités. Mais le temps
et la souffrance sont le prix auquel la Providence vend le
bonheur aux hommes. Ajourner constamment la liberté
sous prétexte qu'ils sont incapables de la supporter, c'est
les condamner à une éternelle servitude ; car, pour apprendre, il faut pratiquer. On dit que ces principes ne peuvent triompher que dans des circonstances exceptionnel-
lement favorables. C'est une erreur. Nul pays n'offrait
autant de prise aux dangers de la licence que l'Angleterre
avec son organisation hybride, semi-féodale et semi-libé-
rale, et son immense prolétariat ; que l'Amérique du Nord,
avec sa population composée des éléments hétérogènes et
plus ou moins sains que l'Europe lui verse incessamment.
On ne manque pas d'invoquer aussi l'aptitude toute spéciale de la race anglo-saxonne au régime de la liberté ;
mais on prend, en ceci, l'effet pour la cause ; ce n'est pas
le génie national qui a créé les institutions, ce sont les
institutions qui ont formé le génie. Cela est si bien vrai
qu'à peine arrivées sur le territoire américain, les populations européennes, malgré la diversité de leurs origines

et de leurs mœurs, s'imprègnent de l'esprit dominant et se transforment comme par enchantement.

En résumé, justice et sagesse divine, analogie, expérience, tout proteste donc contre votre maxime impie de la prédominance nécessaire du mal sur le bien.

C'est par amour de la vérité, sans doute, que vous ne voulez pas qu'on l'ébranle en la discutant. Mais en politique, aussi bien qu'en toute autre matière religieuse, philosophique ou scientifique, comment pouvez-vous être sûrs de posséder la vérité si vous ne l'avez examinée qu'à demi, si vous n'avez pas écouté l'erreur qui en est la contre-partie. Les esprits qui varient peu dans leurs opinions sont placés aux deux extrémités de l'échelle: ce sont les esprits tout à fait supérieurs et les esprits bornés. L'examen cependant leur est encore utile: aux premiers, parce qu'il fortifie leurs croyances; aux seconds, parce qu'il éclaire quelque peu leur ignorance. Quant aux intelligences moyennes, qui forment la grande masse, elles ne peuvent avoir la présomption d'apercevoir la vérité du premier coup d'œil; elles ne la découvrent que peu à peu, passant successivement de la négation au doute, du doute à l'affirmation, pour revenir peut-être encore sur leurs pas, n'arrivant, du reste, à la certitude qu'avec la pensée de la soumettre incessamment au contrôle de l'observation, de l'étude et de la réflexion. Si elles n'agissent pas ainsi, leurs opinions sont des impressions, mais ne sont pas des convictions, et si leur conscience se contente de si peu, c'est qu'elles ne comprennent ni leur devoir, ni leur responsabilité.

Ce travail, direz-vous, exigerait des loisirs que nous n'avons pas, et qui ne sont le privilége que du petit nombre. Sans doute, et c'est pourquoi je réclame la liberté de la parole pour ceux qui vous épargnent ce travail, qui se donnent la peine de dépouiller les dossiers, qui, écrivant chacun à leur point de vue, vous exposent le pour et le contre, et qui vous mettent ainsi en mesure de vous former des convictions. Je sais bien que votre avidité pour tout ce qui flatte vos opinions n'est égalée que par votre répugnance pour tout ce qui les contrarie, répugnance qui ne se borne pas à se boucher les oreilles, qui va jusqu'à vouloir fermer la bouche aux autres; mais que prouve cela? Que vous craignez d'être convaincus d'erreur, que, chez vous, l'amour-propre a le pas sur la conscience.

Vous n'êtes préoccupés que des inconvénients, et vous perdez de vue les bienfaits que produit la liberté de discussion. Cette liberté est la garantie de toutes les autres. Elle place l'opprimé sous la sauvegarde de l'opinion publique. Otez cette barrière à l'injustice, et vos personnes, vos biens, votre honneur même sont à sa merci. Non-seulement elle arrête le pouvoir sur la pente du mal, mais elle le pousse sur la pente du bien. Elle le tient constamment en éveil en lui rappelant l'objet de sa mission, en lui signalant les intérêts qui souffrent, les améliorations qui réclament sa sollicitude. Elle prévient ce fatal engourdissement qui du cerveau descend inévitablement à tous les organes du corps social. Voyez les peuples de l'Orient. Elle entretient aussi dans tous les membres de la communauté cette excitation fébrile qui porte les hommes à inventer, à produire, à échanger. L'homme est ainsi fait, paralysez sa pensée sur un point, et l'atonie s'étend par degrés à tous les autres. Montrez-moi le peuple le plus libre, et je vous montrerai le plus industrieux. Montrez-moi le plus esclave, et je vous montrerai le plus paresseux. Il y a des nuances nombreuses entre ces deux extrêmes; mais vous remarquerez que dans toutes les races, sous tous les climats indistinctement, l'activité industrieuse est proportionnée à la liberté intellectuelle.

Il est une autre considération qui doit vous frapper aussi : c'est que partout où fleurit l'esclavage mental, fleurissent aussi les priviléges et les monopoles. Quand on veut détrousser un homme, on le bâillonne. Ainsi ont fait dans tous les temps les aristocraties, les théocraties, les despotismes, toute puissance, en un mot, qui a voulu exploiter l'humanité. Ce sont elles qui ont accrédité l'axiome de la prédominance nécessaire de l'erreur sur la vérité. Mais elles y croyaient si peu, pour leur propre compte, qu'elles ont interverti les noms et les rôles, appelant la vérité erreur et lui fermant la bouche. Sous un tel régime, les peuples brûlent, comme on dit vulgairement, la chandelle par les deux bouts ; d'une part les sources de la richesse tarissent, de l'autre les attributions gouvernementales s'étendent outre mesure, et avec elles s'aggravent les charges publiques.

Il se trouve alors des gens qui croient de bonne foi que la machine sociale est défectueuse, qu'il faut la changer, et qui, quelques précautions que l'on prenne, font pénétrer leur opinion dans les masses souffrantes. Puis vient le jour de l'explosion ; car, comme on l'a dit avec vérité en appliquant à la pensée les lois de la dynamique, « la force comprimée est celle qui détruit. » Écoutez donc ceux qui vous croient : Le remède contre la licence, c'est la liberté ; le remède contre l'erreur, c'est la publicité.

CHAPITRE XVII.

Liberté d'enseignement.

L'arbitraire ne connaît pas de limites. Quand on a fait un pas hors du sentier de la liberté, on en fait cent. Les restrictions appellent les restrictions, les monopoles engendrent les monopoles. Les simples et harmonieuses lignes du plan providentiel disparaissent sous les monstrueuses additions que la main de l'homme y a faites. L'humanité enveloppée dans un réseau, paralysée dans toutes ses facultés, garrottée de tous ses membres, se désespère de son impuissance à accomplir le bien et à résister au mal. Pour la calmer, on lui dit que tel est l'arrêt de la volonté suprême qui a décrété *la prédominance fatale du mal sur le bien*, et, pour tout remède, on lui propose la résignation. Elle se résigne en effet pendant un temps, mais pour se révolter ensuite, non moins aveugle dans ses emportements que dans sa patience.

Pardonne-moi, lecteur, le retour fréquent de ces réflexions amères qui s'imposent involontairement à ma plume à mesure que je touche à de nouvelles plaies ; car je marche ici de douleurs en douleurs. Je viens de montrer la pensée *contemporaine* surveillée, réglementée, confisquée, persécutée ; nous allons voir maintenant la pensée *des siècles* soumise aussi au régime de la restriction et du monopole, le trésor de la sagesse des pères fermé sous clef et dispensé arbitrairement aux enfants.

En matière d'enseignement, comme en matière de conscience et de discussion, on part de ce principe que, pour prévenir l'abus, il faut restreindre ou supprimer l'usage. De là est née l'invention des universités, des programmes d'études, des conditions d'admissibilité, des examens, des diplômes, des grades, etc., etc. En présence d'un corps puissant, prenant à pleines mains dans les caisses de l'État, accaparant les meilleurs maîtres, posant son propre enseignement comme condition *sine quâ non* d'admission dans les carrières libérales, inutile de démontrer que la liberté d'enseignement, proclamée en principe, n'est en réalité qu'un vain mot. Peut-on sérieusement appeler libres des écoles auxquelles non-seulement on oppose la concurrence écrasante d'établissements subventionnés, mais auxquels on enlève le seul moyen de lutter contre cette concurrence, celui d'avoir un mode d'enseignement supérieur à celui des lycées? On leur ôte ce moyen en refusant les élèves qui n'auront pas fait les études prescrites par l'université. Évidemment la liberté est dans les mots, le monopole est dans les choses.

Comparons donc encore ici le mal que l'on prétend empêcher et celui que l'on fait, les dangers de la liberté et ceux de la contrainte. J'ai justement discuté l'autre jour cette question avec un dignitaire de l'université; je vais rapporter la conversation que nous avons eue ensemble à ce sujet.

Le recteur. — Si le premier venu peut instruire votre enfant et lui enseigner tout ce qu'il voudra, qui vous garantira que ce premier venu n'est pas un ignorant ou un malhonnête homme, et sa science absurde, dangereuse ou tout au moins inutile ?

Le père. — J'ai grande confiance, monsieur le recteur, dans la sollicitude de cette paternité conventionnelle et momentanée que l'État vous confère, bien qu'après tout elle puisse se trouver quelquefois en défaut, vu la nombreuse famille que vous avez adoptée. Mais vous m'accorderez qu'en fait de sollicitude, ma paternité vaut bien la vôtre. D'abord je n'ai qu'un enfant à surveiller, et vous en avez mille; ensuite l'amour, l'intérêt et l'honneur de la famille me semblent des mobiles plus puissants que le sentiment du devoir. Lorsque je me suis marié, êtes-vous officiellement intervenu pour m'empêcher de faire une sottise? Non, vous vous en êtes remis à mon bon sens et à l'intérêt très-personnel que j'avais dans cette affaire. Si j'ai été apte à prendre femme, pourquoi ne le serais-je pas à veiller sur mes enfants? L'un est aussi délicat que l'autre, avec cette différence cependant que j'ai plus d'expérience et de maturité aujourd'hui qu'il y a dix ans.

Le recteur. — Je ne conteste point vos bonnes intentions et votre ardente sollicitude, mais vos lumières.

Le père. — Quoi! si l'on enseignait à mon enfant des choses immorales, impies ou subversives, je serais incapable d'en juger? Vous me croyez donc bien dépourvu de sens moral!

Le recteur. — Ce n'est pas sur ce point que je récuse votre jugement, mais sur la science elle-même. Les savants seuls sont compétents pour séparer le bon grain de l'ivraie, la science de l'ignorance, l'aptitude de l'incapacité; à chacun son métier. Si je me permettais de vous donner des avis sur vos bœufs et sur vos charrues, vous hausseriez les épaules, et bien vous feriez.

Le père. — Il y a quelqu'un qui a plus de science que tous les savants réunis : c'est tout le monde. Lorsque vous avez un procès à faire plaider, vous savez bien trouver le meilleur avocat, et cependant vous n'avez pas appris le droit; de même lorsque vous avez besoin d'un médecin ou d'un artiste, en un mot pour toutes choses. Qui vous guide en pareil cas? L'opinion publique. Elle est en effet la science universelle, le grand réservoir commun dans lequel chacun verse tout ce qu'il sait et va puiser ce qu'il lui faut, et qui nous dispense de tout apprendre en nous faisant profiter de ce qu'ont appris les autres. Elle se trompe, assurément, puisqu'elle est humaine ; mais jusqu'à présent elle a été considérée comme l'instrument le moins faillible. Elle juge les gens de votre profession aussi sûrement que tous les autres. Il y a beaucoup de villages dont l'école est déserte et qui envoient leurs enfants à celle du village voisin, leur faisant faire trois ou quatre lieues tous les jours et par tous les temps, pour qu'ils aillent apprendre sous un bon maître ; et, tout paysans qu'ils sont, ils ne se trompent guère.

Le recteur. — Je passerai encore condamnation sur ce point. Le public peut juger les maîtres ; mais il est incapable de prononcer entre les doctrines utiles et celles qui ne le sont pas.

Nous avons passé notre vie à sonder la science dans toutes ses profondeurs, à la scruter dans tous ses recoins. Nous avons étudié Dieu, l'homme et la nature. Nous connaissons l'origine et la nature de leurs rapports. Nous savons ce que l'homme a besoin d'apprendre pour tirer de ces rapports le parti le plus avantageux dans l'intérêt de sa vie présente et de sa vie future. A nous donc de prononcer en dernier ressort sur ces graves matières inaccessibles au vulgaire.

Le père. — C'est justement parce que vous avez appris tant de choses, que je me méfie de l'impartialité de votre décision. Nul de nous n'embrasse l'ensemble des connaissances humaines ; chacun se consacre à une branche spéciale, l'un aux langues mortes, l'autre à la philosophie, celui-ci aux sciences exactes, celui-là aux sciences naturelles. Convenez que le latiniste prise sa science bien au-dessus de celle du chimiste, et *vice versâ*. Vous êtes trop lettré, monsieur le recteur, pour que j'aie besoin de vous rappeler la scène du bourgeois gentilhomme et de ses maîtres. L'opiniâtreté avec laquelle chacun prêche pour son saint, n'est pas une affaire de conviction seulement, mais de calcul : il défend son gagne-pain. Que deviendraient les chapeliers si nous nous mettions à aller tête nue comme les Romains ? Que deviendraient les latinistes si l'on n'enseignait plus le latin ?

Ces considérations ont grandement influé sur la direction donnée à l'enseignement. Il fut un temps où la civilisation renaissante sentit la nécessité de fouiller les archives de l'antiquité pour retrouver ses titres poudreux et remettre en lumière les découvertes oubliées de l'esprit humain. Il ne s'agissait pas alors d'inventer et de perfectionner ; toute la science se bornait à épeler, à apprendre, à imiter et à propager. La science par excellence fut donc celle du grec et du latin. Les choses ont duré ainsi bien au delà du temps nécessaire, par la raison que les hellénistes et les latinistes, étant les plus nombreux au début, ont dirigé les études dans le sens de l'intérêt du moment d'abord, mais aussi de leur prédilection et de leur propre intérêt, s'assurant par là la majorité dans le corps enseignant pour l'époque suivante, et ainsi de génération en génération.

Le moment est venu cependant où l'antiquité n'avait plus rien à nous apprendre, et où nous aurions pu lui en remontrer au contraire. L'étude des langues mortes n'en a pas moins continué, en vertu de la loi des majorités, fortifiée par l'habitude, à dominer et absorber l'enseignement.

Le recteur. — Quel grand mal voyez-vous à cela ?

Le père. — J'y trouve trois griefs : la liberté du père

10.

de famille violée, des connaissances dangereuses enseignées, des connaissances utiles négligées.

Le recteur. — Je serais curieux d'entendre un réquisitoire sur ces trois points.

Le père. — Je vais m'efforcer de vous satisfaire. Vous qui êtes remontés jusqu'aux causes premières, messieurs les savants, si, sur ces hauteurs sereines, vous n'avez pas su voir la liberté, vous êtes bien aveugles ; si, l'ayant vue, vous l'avez reniée, vous êtes bien coupables. Comment, après cela, osez-vous vous offrir pour nous montrer le chemin de la vérité? Vous prétendez donc nous la faire chercher à tâtons, puisque vous éteignez le seul flambeau qui la montre aux regards.

La science un monopole! Ces deux mots hurlent de se voir accouplés. Est-ce que la science eût jamais existé sans la liberté? Figurez-vous l'intelligence humaine conduite à la lisière et condamnée à suivre une ligne tracée; le beau chemin qu'elle aurait fait depuis le commencement du monde! Ne dites point, pour votre excuse, que vous n'en agissez ainsi qu'avec des intelligences naissantes. Est-ce que ma pensée et ma conscience ne suppléent pas celles de mon enfant? et ne les soumettez-vous pas à votre contrainte? Si l'État s'avisait de me prescrire un système de culture pour mes terres, on trouverait cette prétention exorbitante, et on la trouve toute naturelle lorsqu'il s'agit de mon enfant! Cette violation du droit individuel a cependant de bien plus graves conséquences que n'en aurait l'autre. « Celui qui est maître de l'éducation, a dit Leibnitz, peut changer la face du monde. » Quand, sur un point si important, on impose sa volonté, quand on met son jugement au-dessus de celui des autres, on doit avoir un brevet d'infaillibilité. Produisez le vôtre. Mais non, vous ne vous prévalez pas de l'inspiration divine. Il m'est donc permis de discuter vos idées, et, après vous avoir dit qu'elles pouvaient être fausses, de vous prouver qu'elles le sont en effet; c'est mon second point.

Je pourrais, monsieur le recteur, vous renvoyer à la polémique de *l'Univers* et de MM. les évêques sur l'étude des auteurs païens; mais j'abandonne le côté moral de la question pour m'en tenir au point de vue social. Il a été traité de main de maître par Bastiat dans un petit écrit intitulé *Baccalauréat et Socialisme*, dont je vais essayer de vous reproduire les idées principales.

Savoir une langue, comme savoir lire, c'est posséder un instrument. Enseigner un instrument qui, dès qu'on le sait, ne rend plus aucun son, c'est une anomalie bien bizarre! Quel usage faisons-nous du latin, que nous passons toute notre jeunesse à apprendre? Nous nous mettons à l'oublier. Hélas! que n'oublions-nous aussi vite les funestes impressions que cette étude nous a laissées!

Le recteur. — Je suis forcé de vous interrompre. Je reconnais que la civilisation moderne est infiniment plus riche que la civilisation ancienne, qu'elle s'est assimilé tous les matériaux de celle-ci et y a considérablement ajouté, qu'elle n'a par conséquent plus rien de nouveau à lui demander. Mais l'étude du latin est utile aujourd'hui comme *moyen de développer l'intelligence*.

Le père. — *Pur conventionalisme.* Est-ce que les Grecs, qui n'apprenaient pas le latin, manquaient d'intelligence? Est-ce que les femmes en sont dépourvues non plus que de bon sens? Du reste, l'avantage très-problématique que vous invoquez est amplement compensé par les inconvénients que j'ai à vous signaler.

La société moderne est fondée sur le travail et sur l'échange, la société ancienne l'était sur la guerre et sur l'esclavage. Entre deux sociétés si opposées, tout doit différer : mœurs, coutumes, jugements, organisation, morale, religion ; et à ce point que les mots destinés à exprimer les relations les plus fondamentales, famille, propriété, liberté, vertu, société, gouvernement, république, peuple, ne peuvent représenter les mêmes idées. Je n'ai pas besoin de vous dire ce que sont chez nous ces institutions. Voyons ce qu'elles étaient chez les anciens.

Un peuple de guerriers comprend que la *famille* peut affaiblir le dévouement militaire ; il la supprime. Mais comme il ne faut pas que la population s'arrête, il substitue à la famille la *promiscuité*. C'est ce que Platon fit en théorie, et Lycurgue en pratique.

On ne trouve pas dans toute l'antiquité une définition passable de la *propriété*. Nous disons, nous : L'homme est propriétaire de lui-même, par conséquent de ses facultés et du produit de ses facultés. Mais les Romains, possesseurs d'esclaves, pouvaient-ils dire : L'homme s'appartient? Méprisant le travail et dépouillant les autres peuples du produit de leur travail, pouvaient-ils dire : L'homme est propriétaire du produit de ses facultés? C'eût été prononcer arrêt de mort contre leur société. Ils firent reposer la propriété sur la loi, idée la plus funeste qui se soit jamais introduite dans le monde, puisque la loi peut déclarer *propriété* même l'homme, même les fruits du pillage, comme il a été fait dans toute l'antiquité.

La *liberté* ne pouvait être mieux comprise par une nation disciplinée en vue d'une bataille sans fin. Elle prostituait ce nom à une certaine audace dans les luttes intestines que suscitait entre le peuple et ses chefs le partage du butin. De là les orages du forum, les retraites sur le mont Aventin, les lois agraires, l'intervention des tribuns, la popularité des conspirateurs.

Le *patriotisme,* c'était pour elle la haine de l'étranger. « Imaginez au milieu de Paris une association d'hommes l'aissant le travail, décidés à se procurer des jouissances par la force et par la ruse, par conséquent en guerre contre la société ; il n'est pas douteux qu'il ne se formât bientôt, au sein de cette association, une certaine morale et même de fortes vertus. Courage, persévérance, dissimulation, prudence, discipline, constance dans le malheur, secret profond, point d'honneur, dévouement à la communauté, sont sans doute les vertus que la nécessité et l'opinion développeraient parmi ces brigands. Telles furent celles des flibustiers ; telles furent celles des Romains. On dira que la grandeur de leur entreprise et l'immensité du succès a jeté sur leurs crimes un voile assez glorieux pour les transformer en vertus : et c'est précisément pour cela que leur exemple est pernicieux. Ce n'est pas le vice abject, c'est le vice couronné de splendeur qui séduit les âmes. »

Enfin les anciens avaient sur la *société* de très-fausses idées, dont nous ressentons aujourd'hui et ressentirons longtemps encore la funeste influence. Ils supposaient que *la société est un état hors de nature, né d'un contrat,* et que, comme conséquence, *la loi crée des droits.* Ils avaient mis chez eux les faits d'accord avec ces principes. C'étaient moins des sociétés que des armées organisées tout d'une pièce par un de ces législateurs auxquels la vénération publique donnait le titre d'*instituteurs des peuples,* de *pères des nations.* Les philosophes, de leur côté, à commencer par Platon, créaient des plans de société, imaginaient des républiques modèles. Dans toutes ces œuvres pratiques et théoriques, l'humanité était considérée comme l'argile dans les mains du potier.

On pouvait la pétrir et la façonner au gré de son inspiration, sans tenir compte de ses lois naturelles; et les législateurs, en effet, ne manquèrent pas de les laisser de côté.

Voilà les mœurs et les principes dont la jeunesse est saturée, et qu'on propose à son admiration. « L'antiquité, a écrit M. Thiers, osons le dire à un siècle orgueilleux de lui-même, est ce qu'il y a *de plus beau au monde.* Laissons l'enfance dans l'antiquité, comme dans un asile *calme, paisible* et *sain,* destiné à la conserver fraîche et pure. » Cet engouement, ce *conventionalisme,* ne date pas d'hier; il remonte à la renaissance. Il n'a pas été limité aux classes éclairées; car celles-ci, comme le dit encore M. Thiers, font le peuple lui-même par la contagion de leurs idées et de leurs sentiments; il a laissé une empreinte profonde dans la littérature, la morale et la politique de notre pays.

C'est un tableau que je n'ai ni le loisir ni la prétention de tracer. Pour donner une idée complète de l'influence que l'antiquité a exercée sur le monde moderne, il faudrait passer en revue tous nos penseurs, tous nos hommes d'État, toutes nos tendances, toutes nos institutions. Je me bornerai à quelques traits que me fournit encore Bastiat.

N'est-ce pas à cette source empoisonnée que se sont abreuvés *Montaigne,* aussi Spartiate par ses velléités qu'il l'était peu par ses goûts; *Corneille,* dont je suis l'admirateur sincère, mais qui a donné un cachet sublime à des sentiments faux, outrés, farouches, antisociaux, que condamne l'esprit de notre époque; *Fénelon,* faisant candidement du communisme dans sa république de Salente; *Rollin,* le père de l'enseignement en France, vivant dans une perpétuelle admiration de tout ce qui vient de l'antiquité, depuis les monstrueuses lois de Lycurgue jusqu'au régime conquérant et déprédateur de Rome; *Montesquieu*, signalant comme merveilleux pour élever les peuples à la *vertu* le procédé de ces législateurs qui foulaient aux pieds tous les instincts et tous les sentiments naturels, et trouvant tout simple que le travail fût interdit aux citoyens et le commerce déclaré infâme; *Rousseau*, l'homme qui a exercé le plus d'influence sur la révolution française, qui disait lui-même que la lecture de Plutarque l'avait fait ce qu'il était, et dont les idées gréco-romaines se reproduisent à chaque page de son *Contrat social*; *Mably*, chez lequel ces idées avaient passé à l'état de monomanie; et *Morelly*, et *Brissot*, et *Raynal*, exaltent à l'envi la guerre, l'esclavage, l'imposture sacerdotale, la communauté des biens, l'oisiveté; et tant d'autres qu'il serait trop long de citer?

Je n'entends pas dire qu'on ne doive à ces grands écrivains des pages pleines de raison et de moralité. Mais ce qu'il y a de faux dans leurs livres vient du conventionalisme classique, et ce qu'il y a de vrai vient d'une autre source!

C'est précisément ma thèse, que l'enseignement exclusif des lettres grecques et latines fait de nous tous des contradictions vivantes en nous tirant violemment vers le passé, tandis que le christianisme, l'esprit du siècle et le bon sens nous montrent l'idéal dans l'avenir.

De même que les lettres, que la philosophie, que la politique, c'est à cette source que la science du droit a aussi puisé ses inspirations. N'est-ce pas de là, en effet, qu'elle a tiré ce principe faux et tyrannique qui sert de fondement à notre législation, à savoir que *la loi, au lieu d'être simplement déclaratoire, est attributive des droits*.

L'universel enthousiasme en faveur d'un type social

ne peut être toujours stérile, et l'opinion publique, égarée ou éclairée, n'en est pas moins la reine du monde. Quand une de ces erreurs fondamentales telle que la glorification de l'antiquité, pénétrant par l'enseignement dans tous les cerveaux avec les premières lueurs de l'intelligence, s'y fixe à l'état de *conventionalisme*, elle tend à passer des esprits aux actes. C'est ce que le monde a vu.

Ainsi les jésuites veulent-ils fonder un ordre social au Paraguay : ils n'imaginent rien de mieux que de prendre pour modèles Minos, Platon, Lycurgue, et de réaliser le communisme. Mais c'est surtout dans notre première révolution que cette maladie éclata avec le plus d'intensité et fit le plus de ravages. L'admiration et l'imitation de l'antiquité dans sa langue, dans ses principes, dans ses institutions, dans ses usages et dans ses mœurs, fut portée jusqu'à la frénésie, gagna depuis les publicistes, les orateurs et les législateurs jusqu'au peuple lui-même, et enfanta, en théorie comme en pratique, les plus grandes monstruosités.

La contagion se communiqua à l'époque consulaire et impériale, qui ne manqua pas d'imposer à toutes ses institutions nouvelles des noms grecs et romains. « Après avoir été Athéniens avec Voltaire, comme l'a dit M. Thiers, Spartiates un moment avec la convention, nous nous fîmes soldats de César sous Napoléon : » nous rêvâmes aussi la domination universelle.

Par quel miracle la génération actuelle eût-elle échappé à l'invasion du mal ? A la suite des enthousiastes lettrés de l'école de M. Thiers, se sont produits les enthousiastes pratiques de l'école du Luxembourg. Les rêves innocents de Fénelon sont devenus un moment de menaçantes réalités dans la bouche de ces modernes pères des nations. Eux aussi ont dit, comme les législateurs et les philosophes de l'antiquité : L'humanité est de l'argile, c'est nous qui sommes les potiers. Et l'on a vu la foule, satisfaite de l'humilité de son rôle, s'offrir avec empressement à leurs mains habiles pour être pétrie et façonnée.

En résumé, les effets de notre éducation païenne ont été ceux-ci. Influencés par cette idée, dominante chez les anciens, que *l'État est tout et l'individu rien*, sans aller cependant aussi loin qu'eux, nous avons exagéré l'action collective, et réduit le plus possible l'action individuelle. Première atteinte à la liberté et à la paix publique. Sous l'influence de cette autre erreur, pleinement acceptée par nous, que *l'ordre social est une création du législateur*, nous avons vu chaque parti travailler à être ce créateur, et à chasser du pouvoir l'école ou la secte qui occupait le pouvoir, afin d'appliquer ses propres idées. De là des révolutions sans fin. Seconde cause d'oppression et de perturbation.

Le recteur — Votre mauvaise humeur vous emporte beaucoup trop loin. Proscrire les lettres serait un acte de vandalisme. Vous ne voyez que le côté fâcheux des études universitaires, je vais vous en montrer le côté utile.

Le père — Je vous épargnerai cette peine par une simple observation : c'est que je ne demande pas qu'elles soient *interdites,* je demande seulement qu'elles ne soient pas *imposées.*

S'il y a des gens qui pensent, comme vous, que l'atmosphère romaine est excellente pour former le cœur et l'esprit de la jeunesse, soit ; qu'ils y plongent leurs enfants ; je les laisse libres. Mais qu'ils me laissent libres aussi d'en éloigner les miens comme d'un air pestiféré. Vous êtes très-convaincu qu'au point de vue social et moral, le beau idéal est dans le passé; moi je le vois dans l'avenir. Vous avez cette opinion désolante que l'humanité va se détériorant sans cesse, puisque vous placez la perfection à l'origine des temps; moi je la mets à la fin, parce que je crois l'homme perfectible. Et ses moyens de perfectionnement, je les vois dans un ordre de connaissances que vous obligez les enfants à négliger, en leur imposant vos études de prédilection. Ceci me conduit à mon troisième point.

Étant donnée une société dont le travail est l'âme, quelle science peut être plus importante que celle du travail? Or qu'est-ce que le travail? C'est la lutte de l'homme contre la nature. Étudier les résistances que la nature oppose à nos efforts et chercher les moyens de les vaincre, voilà donc ce que j'appelle la science du travail. Science immense, car elle résume toutes les autres. Toutes indistinctement, sciences morales, sciences naturelles, sciences exactes, lui apportent le tribut de leurs efforts, l'enrichissent de leurs découvertes.

Je ne conteste point que l'étude des langues ne soit un exercice utile à l'intelligence; mais elle développe la mémoire aux dépens d'une faculté non moins importante, l'esprit d'observation.

Les études scientifiques développent aussi la mémoire, mais celle des choses autant que celle des mots, et de plus elles tiennent l'observation constamment en éveil; elles rectifient le jugement par la comparaison et le calcul; elles fortifient l'esprit par la réflexion, agrandissent les idées, exaltent l'imagination, et élèvent l'âme par la contemplation des merveilleux phénomènes qu'offrent la nature, l'organisation sociale et l'homme lui-même.

A Dieu ne plaise que je veuille voir disparaître le sentiment littéraire et artistique auquel nous devons notre gloire la moins contestée et la plus pure! Mais je crois que, sans délaisser entièrement l'étude des anciens, nous trouverons une mine inépuisable dans les productions du génie moderne. L'étude des langues vivantes, qui sera aussi un exercice pour la mémoire, nous ouvrira l'accès des littératures étrangères, sans parler de leur utilité pratique d'un prix inestimable avec la fréquence des communications de peuple à peuple.

Qu'est-il arrivé de la direction à peu près exclusive donnée aux travaux de l'intelligence? C'est que nous avons eu beaucoup de rêveurs, d'écrivains, de parleurs, d'oisifs, et fort peu d'hommes pratiques. Un seul exemple suffira pour vous faire juger combien la disette en est grande, et préjudiciable aux intérêts du pays.

Allez visiter l'atelier de la première de nos industries, le vaste atelier des champs, et vous verrez ce que l'éducation de collége a fait de cette génération à laquelle la division du sol avait ouvert, en 1789, une si magnifique carrière. Ne trouvant pas dans leur industrie le moindre emploi de leur grec, de leur latin, ils les ont bien vite oubliés; ne possédant pas les connaissances qui auraient été d'une application directe, ils sont restés dans la routine de leurs pères. Ils s'y sont même attachés avec une incroyable obstination, repoussant le progrès qui les faisait rougir de leur ignorance et qui contrariait les habitudes stationnaires et rétrogrades puisées dans leur première éducation. Frappés de l'oisiveté stérile de leur condition, ils ont voulu en éloigner à tout prix leurs enfants, et se sont mis à mendier pour eux des faveurs et des places, à trafiquer de leurs votes et de leur influence, à faire complaisamment la courte échelle aux intrigants qui, fort involontairement, l'ont faite à ceux que vous savez.

Ici finit mon réquisitoire, monsieur le recteur. J'ai dit tout le mal que fait et tout le bien qu'empêche le monopole qui est actuellement dans vos mains. Qu'adviendrait-il s'il tombait dans celles qui vous le disputent à cette heure, non sans quelques chances de succès? *La face du monde serait changée,* s'il faut en croire le jugement de Leibnitz, si bien justifié par les faits que nous venons d'exposer. Rome moderne remplacerait Rome ancienne comme type social. Entre ces deux civilisations, il est, en vérité, bien difficile de prononcer. C'est pourquoi, pour remédier aux maux du passé et pour empêcher ceux de l'avenir, je demande la *liberté*.

CHAPITRE XVIII.

Comment la spoliation, qui avait atteint l'homme dans ses facultés morales et intellectuelles, l'aurait-elle épargné dans ses facultés physiques? La première de ces deux tyrannies n'était qu'un acheminement vers l'autre. L'unique but de ceux qui lui persuadaient de *penser par eux*, était de lui persuader de *travailler pour eux*. Dans le premier âge des sociétés, la spoliation avait dédaigné ces artifices et marché droit au but par la violence. Le vainqueur avait dit brutalement au vaincu : « Corps et âme tu m'appartiens. Tu seras ma bête de somme. A toi les vils travaux de la production ; à moi les nobles travaux de la guerre et du pillage. » L'antiquité tout entière avait vécu de ce régime, et ses plus grands philosophes, dans leurs plus pures spéculations, ne concevaient même pas qu'elle pût vivre autrement. L'époque moderne lui avait trouvé un équivalent dans le servage.

Mais il était dans les plans de Dieu qu'avec le temps, la pensée détrônât la force. La pensée devint alors l'arme des spoliateurs. Ils eurent soin de s'en réserver l'usage exclusif, et apprirent à la manier avec une dextérité merveilleuse. Le sophisme, en remplaçant l'épée dans la conquête du monde, se montra bien supérieur à elle; car, en dépouillant les hommes, il leur fit croire qu'il agissait ainsi pour leur plus grand bien. Nous allons écrire un nouveau chapitre de ses exploits, qui nous ramènera à l'économie politique et à Bastiat.

On se rappelle l'impression que produisirent ses premiers écrits, et le rôle brillant qu'il joua dans la lutte alors très-animée, et encore pendante, entre la liberté et la prohibition. Ses pensées sur ce sujet de prédilection, qu'il a répandues dans tous ses écrits avec une verve intarissable et une merveilleuse variété de formes, qu'il n'a jamais rassemblées en faisceau et coordonnées dans un plan régulier, échappent à l'analyse. On peut tout au plus, en se pénétrant de son esprit, tenter d'en reproduire la substance. C'est ce que j'ai essayé de faire.

L'école économiste n'a jamais combattu le système des douanes comme mesure purement fiscale; elle n'attaque les droits perçus sur les échanges internationaux que lorsqu'ils perdent le caractère d'impôts modérés pour revêtir celui de la restriction ou de la prohibition. *Politiquement* et *économiquement*, ce système a une grande et désastreuse portée; c'est sous ce double aspect que nous allons l'examiner.

Protectionnisme, socialisme et communisme ne sont, a dit Bastiat, qu'une seule et même plante à trois périodes diverses de croissance. Le protectionnisme repose, comme le communisme, sur la négation du droit de propriété. Comme lui, il fait intervenir l'État pour pondérer les fortunes et niveler les situations, en donnant aux uns ce qu'il prend aux autres.

Bastiat fait observer qu'il y a trois manières de réaliser la *communauté* des biens, ou du moins de la tenter. 1° Deux ou plusieurs hommes peuvent imaginer de mettre leur travail et leur vie en commun. Tant qu'ils ne cherchent ni à troubler la sécurité, ni à restreindre la liberté, ni à usurper la propriété d'autrui, ni directement ni indirectement, s'ils font du mal, ils ne le font qu'à eux-mêmes, et l'on n'a rien à leur objecter. 2° Employer la contrainte pour faire une masse de toutes les valeurs existantes, et en jouir ainsi en commun ou les partager entre tous par portions égales, c'est la seconde forme du communisme, la forme la plus brutale et la moins dangereuse, quoi qu'on en dise, parce qu'elle soulèvera toujours contre elle la réprobation publique. 3° Enfin faire intervenir l'État, lui donner pour mission de pondérer les profits et d'équilibrer les fortunes en prenant aux uns sans consentement pour donner aux autres sans rétribution, c'est encore du communisme, qu'on le fasse directement par des mesures votées *ad hoc* ; ou indirectement par le droit au travail, au crédit, à l'assistance, à l'instruction, etc., etc., quel que soit le beau nom dont on le décore, et le principe fastueux qu'on invoque. C'est là le communisme vraiment dangereux, parce qu'il rejette tout l'odieux de la spoliation sur un personnage fictif, sur l'État, et fait qu'on jouit du bien d'autrui en parfaite tranquillité de conscience.

C'est celui que met en pratique l'école protectionniste, car elle aussi opère le *nivellement par voie de spoliation légale*. Elle le fait de deux manières : par la *prime* et par la *restriction*. Lorsque l'État frappe sur la communauté tout entière une contribution pour faire un cadeau, sous le nom de prime, aux exportateurs d'une nature particulière de produits, n'est-ce pas du communisme, tout aussi bien que s'il prélevait une contribution pour assurer le travail, le crédit, l'assistance ou l'instruction à telle ou telle catégorie de citoyens? La restriction conduit au même résultat : lorsque l'État, par la combinaison de ses tarifs de douane, fait que le consommateur paye douze francs le fer français, au lieu de huit que lui coûterait le fer belge, c'est une contribution de quatre francs, à laquelle il soumet tous les consommateurs de fer au profit des producteurs. C'est donc toujours le système des primes, avec cette différence qu'au lieu de passer par les mains de l'État, la prime passe, sans intermédiaire, de celui qui la paye à celui qui en profite; avec cette autre différence qu'au lieu d'être payée par le public, elle ne l'est que par la classe des consommateurs de fer. « Le premier système me paraît plus juste, dit Bastiat; car, si la société veut faire des largesses à quelqu'un, il faut que tous y contribuent; plus économique, parce qu'il épargnerait beaucoup de frais de perception, et ferait disparaître beaucoup d'entraves; plus loyal, parce que le public verrait alors clair dans l'opération et saurait ce qu'on lui fait faire. »

Quelle que soit au surplus la forme que revêt la protection, elle porte à l'ordre social deux graves atteintes : elle viole le principe de la propriété et elle dénature le rôle du pouvoir, en le faisant complice de la spoliation, de protecteur qu'il devrait être. De là devaient sortir deux conséquences également funestes : la première, c'est qu'après avoir fait du communisme en haut, tôt ou tard on tenterait d'en faire en bas; la seconde, c'est que l'État, sollicité par tous les intérêts à la fois pour qu'il les aidât à se dépouiller mutuellement, expierait son impuissance à les satisfaire par d'incessantes attaques et d'interminables révolutions. L'association qui arbora, il y a quelques années, l'étendard du *libre échange*, avait pressenti et annoncé ces conséquences, dont la réalisation ne se fit pas longtemps attendre.

Au plus fort de la lutte qui éclata après février entre les communistes de la veille et les communistes du lendemain, Bastiat, après avoir rappelé tant d'avertissements donnés en vain, faisait entendre ces reproches et ces conseils :

« Un tressaillement universel a parcouru, comme un frisson

d'effroi, la France tout entière. Au seul mot de *communisme*, toutes les existences se sont alarmées. En voyant se produire au grand jour et presque officiellement les sytèmes les plus étranges, en voyant se succéder des décrets subversifs qui peuvent être suivis de décrets plus subversifs encore, chacun s'est demandé dans quelle voie nous marchions. Les capitaux se sont effrayés, le crédit a fui, le travail a été suspendu, la scie et le marteau se sont arrêtés au milieu de leur œuvre, comme si un funeste et universel courant électrique eût paralysé tout à coup les intelligences et les bras. Et pourquoi? Parce que le principe de la propriété, déjà compromis essentiellement par le régime protecteur, a éprouvé de nouvelles secousses, conséquences de la première ; parce que l'intervention de la loi en matière d'industrie, et *comme moyen de pondérer les valeurs et d'équilibrer les richesses*, intervention dont le régime protecteur a été la première manifestation, menace de se manifester sous mille formes connues ou inconnues. Oui, je le dis hautement, ce sont les propriétaires fonciers, ceux que l'on considère comme les propriétaires par excellence, qui ont ébranlé le principe de la propriété, puisqu'ils en ont appelé à *la loi* pour donner à leurs terres et à leurs produits une valeur factice. Ce sont les capitalistes qui ont suggéré l'idée du nivellement des fortunes *par la loi*. Le *protectionnisme* a été l'avant-coureur du *communisme*; je dis plus, il a été sa première manifestation. Car que demandent aujourd'hui les classes souffrantes? Elles ne demandent pas autre chose que ce qu'ont demandé et obtenu les capitalistes et les propriétaires fonciers. Elles demandent *l'intervention de la loi* pour équilibrer, pondérer, égaliser la richesse. Ce qu'ils ont fait par la douane, elles veulent le faire par d'autres institutions ; mais le principe est toujours le même : *prendre législativement aux uns pour donner aux autres;* et certes, puisque c'est vous, propriétaires et capitalistes, qui avez fait admettre ce funeste principe, ne vous récriez donc pas si de plus malheureux que vous en réclament le bénéfice. Ils y ont au moins un titre que vous n'aviez pas.

« Mais on ouvre les yeux enfin, on voit vers quel abîme nous pousse cette première atteinte portée aux conditions essentielles de toute sécurité sociale. N'est-ce pas une terrible leçon, une preuve sensible de cet enchaînement de causes et d'effets par lequel apparaît à la longue la justice des rétributions providentielles, que de voir aujourd'hui les riches s'épouvanter devant l'envahissement d'une fausse doctrine dont ils ont eux-mêmes posé les bases iniques, et dont ils croyaient faire paisiblement tourner les conséquences à leur seul profit ? Oui, prohibitionnistes, vous avez été les promoteurs du communisme. Oui, propriétaires, vous avez détruit dans les esprits la vraie notion de la propriété. Cette notion, c'est l'économie politique qui la donne, et vous avez proscrit l'économie politique, parce que, au nom du droit de propriété, elle combattait vos injustes priviléges. — Et quand elles ont saisi le pouvoir, quelle a été aussi la première pensée de ces écoles modernes qui vous effrayent ? C'est de supprimer l'économie politique, car la science économique, c'est une protestation perpétuelle contre ce *nivellement légal* que vous avez recherché et que d'autres recherchent aujourd'hui à votre exemple. Vous avez demandé à la loi autre chose et plus qu'il ne faut demander à la loi, autre chose et plus que la loi ne peut donner. Vous lui avez demandé, non la sécurité (c'eût été votre droit), mais la *plus-value* de ce qui nous appartient, ce qui ne pouvait vous être accordé sans porter atteinte aux droits d'autrui. Et maintenant, la folie de vos prétentions est devenue la folie universelle. — Et si vous voulez conjurer l'orage qui menace de vous engloutir, il ne vous reste qu'une ressource : reconnaissez votre erreur ; renoncez à vos priviléges ; faites rentrer la loi dans ses attributions ; renfermez le législateur dans son rôle. Vous nous avez délaissés, vous nous avez attaqués, parce que vous ne nous compreniez pas sans doute. A l'aspect de l'abîme que vous avez ouvert de vos propres mains, hâtez-vous de vous rallier à nous dans notre propagande en faveur du droit de propriété, en donnant, je le répète, à ce mot sa signification la plus large, en y comprenant et les facultés de l'homme et tout ce qu'elles parviennent à produire, qu'il s'agisse de travail ou d'échanges. »

L'orage s'est un instant éloigné ; mais si vous vous endormez dans une fausse sécurité, il ne tardera pas à reparaître, obéissant à l'irrésistible attraction de l'injustice, comme la foudre à l'aimant, et balayant devant lui cet obstacle d'un jour dans lequel vous placez follement votre confiance, et qu'on appelle la force. Hâtez-vous donc de moraliser la loi. Je vous dirai encore avec Bastiat : « Voyez ce qui se passe en Angleterre. Il semble que, si le communisme avait dû trouver quelque part une terre qui lui fût favorable, ce devait être le sol britannique. Là les institutions féodales, plaçant partout en face l'une de l'autre l'extrême opulence et l'extrême misère, avaient dû préparer les esprits à l'infection des fausses doctrines. Et pourtant que voyons-nous? Pendant qu'elles bouleversent le continent, elles n'ont pas seulement troublé la surface de la société anglaise. Le chartisme n'a pas pu y prendre racine. Savez-vous pourquoi? Parce que l'association, qui pendant dix ans a discuté le régime protecteur, n'en a triomphé qu'en jetant de vives lumières *sur le principe de la propriété et sur les fonctions rationnelles de l'État*. »

On reconnaîtra peut-être le fondement des griefs que nous articulons contre le régime protecteur; mais on dira que, s'il est *injuste*, il est *utile*; car sans lui le pays, succombant sous la concurrence étrangère, serait ruiné. Mais, qu'on y prenne garde, parler ainsi, ce serait autoriser les communistes à excuser l'injustice de leur théorie par le prétexte de l'utilité ; ce serait, dans tous les cas, se priver de l'argument le plus puissant qui puisse leur être opposé : l'argument moral.

Et puis cet antagonisme prétendu entre le juste et l'utile n'est-il pas une supposition immorale et sacrilége? Quoi ! Dieu aurait dit aux hommes : « Vous vous aimerez les uns les autres, vous respecterez le bien d'autrui, vous userez librement des facultés que je vous donne ; vous serez, par vos besoins, tributaires de vos semblables ; la sympathie et l'intérêt tendront sans cesse à vous rapprocher : et cependant vous ne pourrez céder à ces impulsions, remplir ces devoirs, exercer ces droits, sans vous exposer à une ruine certaine ! » Lorsque l'esprit arrive à de telles anomalies, il doit se défier de ses propres conclusions, et reviser ses prémisses. Il verra alors que ces inconséquences n'existent pas, que l'utile est inséparable du juste, que le respect de la propriété et la liberté des échanges sont une source, non de ruine, mais de bien-être. Ceci nous amène au point de vue économique de la question.

Mais ici nous devons confesser notre embarras. Embarras, non point de connaître les sophismes dont s'étaye la protection ; car on les trouve partout, dans les livres et les journaux, et malheureusement aussi dans l'opinion publique, qui en est saturée, infectée. Mais embarras de trouver des raisons nouvelles pour les combattre ; « car, en exposant les lois naturelles selon lesquelles les sociétés prospèrent et dépérissent, on ruine virtuellement tous les sophismes à la fois. Quand Laplace eut décrit ce qu'on peut savoir jusqu'ici du mouvement des corps célestes, il dissipa, sans même les nommer, toutes les rêveries astrologiques des Égyptiens, des Grecs, des Hindous, bien plus sûrement qu'il n'eût pu le faire en les réfutant directement une à une. » Nous nous voyons donc condamné à des répétitions, et par conséquent à fatiguer le lecteur. Mais cette considération ne nous arrêtera pas. Les *redites* sont l'arme favorite et presque toujours infaillible de l'erreur : pourquoi la vérité ne s'en servirait-elle pas aussi ? Heureux, si nous pouvions faire à nos lecteurs la réponse de l'abbé de Saint-Pierre à ceux qui lui disaient : « Vous nous avez déjà répété cela quatre ou cinq fois. — J'ai donc bien fait, puisque vous vous en souvenez. »

L'homme est à la fois *producteur* et *consommateur*. L'erreur des protectionnistes est de s'être préoccupés exclusivement du premier de ces deux rôles, et d'avoir entièrement négligé le second. Par cette vue incomplète, ils ont égaré le public et l'ont conquis facilement à leur système, parce que le bien ou le mal fait par la liberté des échanges à une branche spéciale de la production frappe les regards, tandis que l'influence contraire exercée sur la consommation générale échappe par sa diffusion même à l'attention du vulgaire.

Non-seulement leur vue est incomplète en ce qui concerne l'évolution économique, dont ils ont passé sous silence l'un des deux termes, et le plus important ; mais elle l'est aussi même quant à l'autre. Ils ont envisagé la production dans des conditions restreintes et momentanées, et non dans des conditions générales et permanentes. La production est en effet le résultat du *travail humain* secondé par le *travail de la nature*. Or, s'il est vrai, comme ils ne peuvent le nier, que l'échange augmente d'une part la puissance du travail humain par *l'union des forces* et la *séparation des occupations*, d'autre part le concours du travail de la nature par la *diversité des sols et des climats*; il résulte de là que, plus l'échange opère sur une vaste échelle, plus il associe de forces humaines et fait concourir de forces naturelles, plus par conséquent il active la production.

Ces deux observations vont nous aider à dévoiler tous

leurs sophismes. Nous verrons que, dans ce système, le public est sacrifié à la fois comme consommateur et comme producteur.

Le plus grave dommage qui puisse être causé à la consommation, c'est d'apporter des *obstacles* à la satisfaction de nos besoins, et de créer la *disette* sur le marché. Or la protection, pour se justifier, en est réduite à faire l'apologie et l'application de ces deux expédients :

Glorification de l'obstacle. De l'obstacle, direz-vous ! Quoi ! l'obstacle qui s'interpose entre nos besoins et nos satisfactions, l'obstacle contre lequel Dieu nous a condamnés à lutter pendant toute notre vie *à la sueur de notre front*, l'obstacle serait un bien ! Si le pain était à ma disposition comme les pierres du chemin, le vin comme l'eau de la source, le vêtement comme le gazon qui couvre la terre, l'abri comme le feuillage qui protége l'oiseau ; si j'étais dispensé de piocher, de tisser, de bâtir, mon sort serait plus à plaindre ! — Non sans doute, répondra le protectionniste, si vous ne considérez que l'individu ; mais collectivement parlant, c'est autre chose.— Mais alors les routes, les canaux, les voitures sont un mal, car ils diminuent les obstacles qui nous séparent : il vaudrait donc mieux cheminer à pied par monts et par vaux, et transporter nos produits à dos d'homme. — Non encore, si vous raisonnez au point de vue national ; mais de peuple à peuple, c'est autre chose. — Mais alors nos vaisseaux qui franchissent les mers, nos routes qui conduisent aux frontières sont un mal, car ils diminuent les obstacles qui nous séparent de l'étranger ; il vaudrait donc mieux combler nos ports et fermer le continent par une grande muraille de la Chine. — Je ne vais pas jusque-là. — A la bonne heure ! Vous reconnaissez donc que l'obstacle, même dans les relations de peuple à peuple, est un mal. Mais pourquoi, vous qui m'approuvez lorsque je travaille à le supprimer ou à l'atténuer, qui me fournissez même de l'argent et des ingénieurs pour me seconder dans cette besogne, pourquoi le relevez-vous d'une main, pendant que vous m'aidez à le détruire de l'autre? Car votre ligne de douanes est un obstacle tout aussi bien qu'une rivière, puisqu'il m'en coûte autant pour franchir l'une que l'autre. A quoi bon jeter un pont sur la rivière, si vous vouliez mettre une barrière au bout? C'est de la peine et de l'argent perdus; mieux valait laisser les choses comme elles étaient. — Mais nous avons de bonnes raisons pour cela. — Je les connais, et j'y répondrai quand j'aurai dit un mot de votre second paradoxe.

Apologie de la disette. Quoi! la disette aussi serait un bien! Ceci devient trop fort. Pourquoi pas la peste, l'incendie, la guerre, et tous les fléaux destructeurs? — Sans nul doute, ce sont des fléaux *humainement* parlant; mais *économiquement*, ce sont de véritables bienfaits, au dire des gens qui confondent la *valeur* avec l'*utilité*, le *travail*, qui est le mal, avec *la satisfaction*, qui est le bien. Nous avons discuté, dans le chapitre V, leur théorie sur les fléaux destructeurs: nous nous en tenons ici à leur théorie de la disette.

Elle est la pierre angulaire du système protecteur. Supprimez la nécessité de créer la disette, et la protection n'a plus aucune raison d'être. Ne croyez pas que cette théorie soit reléguée parmi les adeptes de la science, dans quelques cerveaux fanatiques de restriction; elle a tout envahi, esprit public, hommes d'État et journalistes. « N'entend-on pas dire tous les jours, remarque Bastiat : « L'étranger va nous inonder de ses produits? » Donc on redoute l'abondance. M. de Saint-Cricq n'a-t-il pas dit : « La production surabonde? » Donc il craignait l'abondance. M. Bugeaud n'a-t-il pas prononcé ces paroles, qui ne trouveraient pas un seul contradicteur dans nos campagnes : « Que le pain soit cher, et l'agriculteur sera riche? » Donc M. Bugeaud préconisait la disette. M. d'Argout n'a-t-il pas trouvé, dans la fécondité même de l'industrie sucrière, un argument contre elle qui sera certainement du goût de tous les armateurs : « La betterave n'a pas d'avenir et sa culture ne saurait s'étendre, parce qu'il suffirait d'y consacrer quelques hectares par département pour pourvoir à toute la consommation de la France? » C'est assurément là l'horreur de l'abondance portée à sa plus haute et plus naïve expression. Enfin les journalistes ne publient-ils pas chaque matin un ou plusieurs articles pour démontrer aux chambres et au gouvernement qu'il est d'une saine politique d'élever législativement le prix de toutes choses par l'opération des tarifs? Les trois pouvoirs n'obtempèrent-ils pas tous les jours à cette injonction de la presse périodique? Or les tarifs n'élèvent le prix des choses que parce qu'ils en diminuent la quantité offerte sur le marché. Donc les journaux, les chambres, le ministère, mettent en pratique la théorie de la disette, et j'avais raison de dire que cette théorie est de beaucoup la plus populaire. »

Tous ces sophismes se trouvent combattus à l'avance par les principes exposés dans la *première partie* de cet écrit. Je pourrais y renvoyer le lecteur ; mais l'erreur en ces matières est tellement accréditée, qu'il me semble utile de les reproduire.

Rien n'est plus faux que cet axiome admis par les savants et par les ignorants : *Le travail, c'est la richesse.* Le bien-être, en effet, se mesure non à l'intensité du travail, mais aux résultats du travail ; non à la peine prise, mais à l'utilité obtenue. Or il y a d'autant plus d'utilités réalisées au sein de la société, que la nature a plus concouru et le travail humain moins contribué à satisfaire nos besoins. Supposez que la nature nous eût prodigué, pour toutes choses, ses faveurs au même degré d'abondance et de facilité que pour l'eau, et qu'elle eût réduit le travail humain à la peine d'aller chercher tout ce que nous désirerions : la société aurait fort peu de *valeurs* et immensément d'*utilités*. Nous serions parvenus au *nec plus ultrà* de l'oisiveté, et cependant aussi du bien-être; preuve donc que la richesse, ou, pour parler plus exactement, le bien-être, ne se mesure pas à l'intensité du travail.

J'ai poussé ma pensée au delà des limites du possible, afin de la rendre plus intelligible. On conçoit, maintenant, qu'il y a des degrés infinis entre notre condition présente et celle que je viens d'indiquer. Sans parvenir jamais à réduire le travail humain à la simple peine de se baisser pour prendre, nous pouvons cependant nous rapprocher de cet idéal, et, dans le fait, nous nous en rapprochons chaque jour davantage. Pour s'en convaincre, il n'y a qu'à mesurer le chemin que la société a fait depuis l'état sauvage.

Or il y a deux manières de faire contribuer la nature à la satisfaction de nos besoins : c'est d'utiliser les forces et les matériaux qu'elle a placés près de nous, et ceux qu'elle a placés au loin; c'est, en un mot, par les *découvertes* et par les *importations*. L'influence de ces deux modes d'intervention de la nature est identique quant au travail humain. Inventez une machine à filer qui supplante l'industrie des quenouilles, ou importez un fruit mûri par le soleil des tropiques, qui fasse tomber l'industrie des serres chaudes : il y a, dans les deux cas, du travail onéreux anéanti, mais remplacé par une proportion égale d'utilité gratuite. Le dommage porte sur quelques-uns, mais le bienfait profite à tous; la production spéciale perd tout ce que gagne la consommation générale.

Si l'on interdit les importations, la logique veut qu'on interdise aussi les inventions, non pas seulement celles à venir, mais les anciennes, mais tous les procédés en un mot qui suppriment ou diminuent le travail de l'homme. Un hectare produira, à travail égal, en Crimée trente hectolitres, en France dix. Le blé de Crimée contient une plus forte proportion d'utilité gratuite; c'est pourquoi vous le prohibez, ou du moins vous le frappez d'un droit qui ne me permet pas de profiter de l'utilité gratuite que la nature y a mise. Mais voilà que je trouve le moyen de fixer l'ammoniaque répandue dans l'atmosphère, et que j'obtiens en France le même rendement qu'en Crimée. Non-seulement vous ne m'interdirez pas l'usage de ma découverte, mais vous me décernerez probablement une récompense nationale. Est-ce conséquent? J'ai supprimé un *obstacle*, l'infertilité du sol, qui restreignait l'alimentation de mes semblables; j'ai créé l'*abondance* sur le marché, et vous déclarez que j'ai bien mérité de la patrie. Je me présente avec une cargaison de blé d'Odessa qui procurera à mes concitoyens le même bienfait, et vous me fermez vos ports. Ainsi enrichir mon pays avec un engrais, c'est un bien; l'enrichir avec des navires de transport, c'est un mal.

On se tire de cette difficulté, comme de beaucoup d'autres, par ce singulier apophtegme : *En économie politique, il n'y a pas de principe absolu.* C'est comme si l'on disait : En économie politique, il n'y a pas de faits. Car que sont les principes? Des formules qui résument un ordre de faits bien constatés. Ainsi ceux qui ont reconnu que les machines produisent de bons effets, formulent leurs observations par ce *principe* : Les machines sont un bien. Dire qu'il n'y a pas de principes, c'est faire descendre l'esprit humain au dernier degré d'abaissement. Pourquoi ne pas dire franchement ceci : « Je ne sais où est le vrai et le faux, et je ne m'en mets pas en peine. L'effet immédiat de chaque mesure sur mon bien-être personnel, telle est la seule loi que je consente à reconnaître. » Voilà comment on arrive théoriquement à l'absurde, et pratiquement à la misère.

Car lorsqu'on applique à tous les objet de consommation à peu près la théorie que je viens de mettre en lumière, que fait-on ? Au lieu de rapprocher l'humanité, on l'éloigne indéfiniment de cet idéal de gratuité absolue, qui est l'objet de ses constantes aspirations. On transgresse la plus incontestable des lois progressives, on neutralise le plus persistant de tous nos instincts. En supposant que cet état de choses soit favorable à la production, ce que je conteste, on ne peut nier du moins qu'il ne porte un rude coup à la consommation générale.

On objecte que les producteurs étrangers peuvent avoir sur nous des avantages autres que ceux qu'ils tirent de leur sol et de leur climat, tels, par exemple, que ceux que leur procurent l'importance de leurs capitaux, l'habileté de leurs ouvriers, la modicité des impôts et des salaires, la stabilité de leur état social, etc., etc. Raison de plus pour recevoir leurs produits. Car qui gagne au bon marché d'un produit ? Celui qui l'achète. Quand donc comprendrons-nous cette belle et consolante vérite, dont l'ignorance a causé dans le passé tant de jalousies et de querelles : *La richesse des uns fait la richesse des autres.* Pour les maux comme pour les biens, la liberté réalise la véritable solidarité entre les peuples. Elle agit sur le même principe que les assurances; elle répartit sur un grand nombre d'hommes, sur un grand nombre d'années, des maux qui, sans elle, s'accumuleraient sur un peuple et sur un temps. N'est-il pas avéré aujourd'hui qu'elle a sauvé l'Angleterre, en 1847, d'une disette et des commotions politiques qui en auraient été la suite?

Si le consommateur est sacrifié, voyons du moins si le producteur est favorisé.

En supposant qu'il vende plus cher ses produits, ne paye-t-il pas aussi plus cher tous ceux qu'il achète, objets de consommation personnelle, matières premières, salaires, instruments, machines, etc., etc.? J'admettrai pour un moment que, tout compte fait, il y ait bénéfice pour les gros colliers de l'industrie dans ce régime dont ils se sont faits les parrains. Mais en est-il de même pour la moyenne et pour la petite industrie, pour les salariés notamment? Ces classes diverses forment la grande masse de la nation, le reste ne représente numériquement qu'une infime minorité. Or on peut affirmer qu'elles perdent beaucoup plus comme consommatrices à ce régime qu'elles ne gagnent comme productrices. Il suffirait, pour en avoir la preuve, de dépouiller le budget d'une famille de pauvres gens.

Mais les grands industriels eux-mêmes ne se font-ils pas illusion sur le profit qu'ils en retirent? S'il est une vérité démontrée en économie politique, c'est que les riches clientèles font les gros bénéfices, c'est que l'aisance générale produit la prospérité industrielle. Les hommes placés à la tête de l'industrie ressentent plus qu'ils ne le croient le contre-coup de cet appauvrissement général qui est l'œuvre de leur système. Juste dispensation de la Providence, qui les punit par où ils pèchent, et fait retomber les conséquences de l'iniquité sur ceux qui la commettent.

Leur illusion, aussi bien que celle du public, vient de deux mots mal compris : *cherté, bon marché*. Dans l'intérêt de la production, les défenseurs de la restriction demandent la cherté ; dans celui de la consommation, les partisans de la liberté se prononcent pour le bon marché. Or, à la grande surprise des uns et des autres, l'expérience a démontré que la restriction produisait le bon marché, et la liberté, au contraire, la cherté. De là des accusations réciproques et une confusion dans le débat qui demandent une explication.

C'est un des points les mieux acquis à l'économie politique, que le prix est déterminé par l'état de l'offre et de la demande. Les protectionnistes se sont dit : « Si nous faisons que la marchandise soit *rare*, et par conséquent *moins offerte*, nous la vendrons plus cher. » En raisonnant ainsi, ils ne tenaient pas compte du second terme, la *demande*. Or, en appauvrissant les populations par la déperdition de forces et par les nombreuses taxes que leur système entraîne, ils ont encore plus diminué la demande que l'offre, ce qui a obligé les offrants à livrer leurs marchandises à bas prix.

D'un autre côté les libre-échangistes avaient dit : « Si nous laissons entrer librement la marchandise, elle sera *très-abondante* et *très-offerte*, et tombera par conséquent à bas prix. » Mais eux aussi n'avaient pas tenu compte de la *demande*. Or il est arrivé que leur système, en répandant l'aisance dans toutes les classes, a élevé la demande au-dessus de l'offre, et par conséquent a fait hausser les prix.

Voici donc le sens de ces deux mots, dans leur rapport avec la condition des populations. Bon marché, dans le premier cas, signifie *pauvreté* et *privation*; cherté, dans le second cas, veut dire *richesse* et *consommation*. D'où il faut conclure que le *prix absolu* des choses est un mauvais critérium du bien-être.

« Tout cela est très-vrai, diront les protectionnistes de bonne foi, tout n'est pas bénéfice, tant s'en faut, dans la protection; mais, en définitive, nous préférons un peu de malaise à une ruine complète. *La liberté tuerait la production.* » C'est là l'erreur fondamentale qu'il s'agit de déraciner des esprits.

On dit : « Les peuples étrangers, pris dans leur ensemble, sont supérieurs à nous : l'Anglais, par l'importance de ses capitaux, l'habileté de ses ouvriers, le rapprochement de sa houille et de son minerai; le Russe et l'Américain, par la fertilité de leur sol; le Suisse, par la richesse de ses pâturages; l'Allemand, par le bas prix des salaires ; l'Espagnol, par l'abondance de ses laines, etc, etc. Si nous levons les écluses de la prohibition, nous serons instantanément *inondés* de leurs produits (c'est la métaphore obligée). Que nous restera-t-il à produire? » Nous répondons par ce dilemme : Ou les étrangers nous donneront *pour rien* leurs produits, et cette inondation sera un immense bienfait, comme celle du Nil qui apporte gratuitement la fertilité aux plaines de l'Égypte; ou bien, ce qui est plus probable, ils ne nous livreront leurs produits qu'en échange des nôtres, et l'inondation sera encore un bienfait; car plus apportera le *montant*, plus remportera le *descendant*.

« Ce serait très-bien, insiste-t-on, si l'étranger prenait nos produits en échange des siens; mais il n'en aura que faire, et emportera notre argent. » L'or et l'argent, que nous possédons, l'avons-nous recueilli dans les Pyrénées ou dans les montagnes d'Auvergne? Non; nous l'avons tiré de l'étranger, qui ne nous l'a pas livré gratis sans doute, mais en retour de nos produits et de nos services. S'il les a de tout temps acceptés, pourquoi les refuserait-il sous le régime de la liberté? Est-ce qu'ils seraient de plus mauvaise qualité? Ils seraient meilleurs au contraire, car il n'est rien de tel que la concurrence pour pousser les gens à bien faire. Est-ce qu'ils seraient plus chers? Non, ils le seraient moins ; car, tous les objets de consommation, matières premières, subsistances, salaires, baissant relativement de prix avec l'abondance, sans parler des taxes dont nous serions dégrevés, nous fabriquerions à meilleur marché.

Il y a des gens qui vont plus loin encore, et qui vous disent avec le plus grand sérieux : « L'étranger, après avoir dédaigné nos produits et fait une razzia de notre numéraire en échange des siens, prendra nos terres, dont il ira manger les revenus chez lui, au grand détriment de nos villes et de nos campagnes. » J'admets, par pure complaisance, cette hyperbole. Je reconnais que le fait serait bien humiliant pour nous ; mais je me demande quelles en seraient les conséquences économiques. Voilà un lord, propriétaire de la forêt de Rambouillet, dont il mange, comme vous le dites, le revenu à Londres. Comment mange-t-il ce revenu? Il commence par échanger ses coupes de bois contre des écus ; jusqu'ici le mal n'est pas grand, car le bois est resté en France. Mais que vont devenir les écus? Il les échangera contre des objets de consommation. Or, si, grâce à la liberté des échanges, l'Europe entière ne forme plus qu'un vaste marché, votre bienheureux lord tirera ses objets de consommation de partout un peu, de France comme d'ailleurs : le vin, du Médoc ; les bronzes et les objets de luxe, de Paris ; les velours et les soieries, de Lyon ; l'huile, de la Provence, les truffes, du Périgord ; les fruits, de nos départemente du midi, etc., etc. Il est bien certain qu'il consommera ces choses *sur place*, c'est-à-dire à Londres ; mais la valeur des coupes de bois, représentée par les écus, ne sera pas moins revenue en France, qui, dans le fait, ne se trouvera pas plus appauvrie que si le propriétaire de la forêt habitait Paris.

« Vous avez beau dire, insiste-t-on ; l'*absentéisme* est un des plus grand fléaux qui puissent affliger un pays : voyez l'Irlande. » L'absentéisme est un fléau, en effet, lorsque le propriétaire ne fait sur ses terres ni améliorations ni dépenses d'entretien, et ne restitue pas en salaires, aux ouvriers des campagnes, une partie du revenu qu'ils ont créé. Ainsi font les seigneurs irlandais, à cause de l'instabilité de la propriété et des incertitudes de l'avenir dans ce pays miné par l'agitation religieuse. Aussi qu'arrive-t-il ? C'est qu'ils se sont ruinés eux-mêmes tout autant qu'ils ont ruiné leurs paysans. Mais ceci est un cas exceptionnel ; en règle générale, l'intérêt du propriétaire est d'entretenir et d'améliorer ses terres. Votre lord serait probablement trop bien avisé pour les négliger ; du moins il a la réputation de ne pas négliger ses domaines d'Angleterre. Il aurait le même intérêt à soigner ceux de France. Je ne désire, certes, ni ne redoute une semblable humiliation pour mon pays ; mais je suis obligé de reconnaître que, si l'Anglais importait son génie industrieux dans nos campagnes, nos paysans ne perdraient pas au change. Je vois les choses d'assez près pour pouvoir en juger.

Disons-le donc, toutes ces craintes sont chimériques ; ni la production ne s'altérera, ni le numéraire ne s'en ira, ni les terres ne passeront aux mains de l'étranger, ni les revenus n'en profiteront qu'à lui seul.

Mais ce qui arrivera, le voici. Toute industrie qui vit aux dépens du public, et par conséquent d'une vie purement artificielle, disparaîtra pour faire place à une autre capable de se suffire à elle-même. — Ainsi donc s'anéantiraient ces richesses qui sont comme le patrimoine de la nation, car c'est elle qui les a créées à force de persévérance et de sacrifices ! — La patience et les sacrifices de la nation ne sont, hélas ! que trop réels en cette affaire ; mais ils n'ont pas créé une obole de richesse. Ces capitaux, entassés dans la caisse de messieurs tels et tels, ont été pris dans votre poche et dans la mienne, et s'ils y fussent restés, il est à croire que nous aurions su les faire fructifier aussi bien que ceux qui ont profité de notre générosité forcée. Car on perd toujours de vue ce point essentiel, que la protection ne *crée* pas la richesse, mais ne fait que la *déplacer*, et qu'elle eût été mieux ou tout au moins aussi bien utilisée par le spolié que par le spoliateur.

Rassurez-vous, du reste ; il n'y aura pas tant de chutes que vous le craignez. Vous serez même surpris du nombre d'impotents qui se montreront ingambes le jour où on aura supprimé leurs béquilles. Lorsqu'il s'agit de parader dans les expositions universelles, ces messieurs se disent plus habiles que leurs concurrents, et ils font mieux que de le dire, ils le prouvent. Mais s'agit-il de toucher aux tarifs, ils ne parlent que de leur infériorité et de leur impuissance.

Que les industries qui ne pourront absolument pas se soutenir par leurs propres ressources, succombent, ce ne sera certes pas un mal, mais un grand bien ; car leur effet est d'entraîner une grande déperdition de forces, en les détournant de leur destination naturelle. Il y a chez nos métayers une idée fausse qui contribue pour la plus grande part à leur état de gène; cette idée, *c'est qu'il faut produire un peu de tout.* Ils ne tiennent compte ni des exigences du sol, ni des dépenses à faire, ni du temps à perdre, ni du dommage causé aux récoltes suivantes ; coûte que coûte, il faut qu'ils produisent toutes les denrées qui entrent dans la consommation du ménage. Vous leur direz vainement qu'il est souvent plus avantageux de restreindre les cultures que de les multiplier; que le moyen le plus économique de récolter du maïs, des légumes, du lin, du chanvre, du colza, c'est de ne semer que du fourrage et du blé. Ils persistent, et payent ainsi ces objets au double des prix courants du marché. Il en est de même dans notre régime industriel : nous nous appauvrissons en voulant faire un peu de tout; nous ne comprenons pas que les vignerons du Languedoc fabriqueraient le fer plus économiquement que les ouvriers d'Anzin, si on laissait aux vignes les capitaux qu'on leur prend pour donner aux forges. La liberté des échanges fera justice de ces mauvais *assolements industriels.*

« Je vous attendais là, s'écrient les protectionnistes; voilà justement comment un peuple perd son *indépendance*; comment il devient *tributaire* de l'étranger, et se trouve dans le plus grand embarras le jour où il voudra secouer le *joug* qui lui pèse. L'Angleterre sait bien ce qu'elle fait lorsqu'elle appelle tous les peuples sur le terrain de la libre concurrence. La supériorité de ses capitaux et de son travail lui assurera la *victoire,* et elle en usera pour *régner* en souveraine, pour conquérir le privilége de nourrir et de vêtir les peuples ruinés. »

Nous connaissons, hélas! depuis longtemps cette tactique qui consiste à éveiller les susceptibilités nationales par des métaphores irritantes et des comparaisons belliqueuses. Mais qu'y a-t-il de vrai dans tous ces grands mots? Est-ce que la concurrence industrielle peut être assimilée à une *guerre?* Si l'on se borne à considérer chaque industrie dans son action sur une autre industrie similaire, en les isolant toutes deux, par la pensée, du reste de l'humanité, c'est bien une lutte en effet. Mais il y a autre chose. Il y a les effets de la concurrence sur la consommation, sur le bien-être général ; et il en résulte ceci, que, dans cette prétendue guerre, *le plus fort communique de la force au plus faible* en répandant chez lui l'abondance, en le débarrassant de ses industries factices, et en l'obligeant à porter ses forces sur ses industries naturelles. En sorte que sa domination est d'autant plus impossible que sa supériorité est plus incontestable.

Comment, d'ailleurs, ne voit-on pas qu'en ruinant ses concurrents le fort se ruinerait lui-même, puisqu'il fermerait tous ses débouchés? Et si on lui suppose l'ambition de nourrir et de vêtir des peuples réduits à la misère, on lui suppose donc aussi la générosité de leur rendre ces services gratis.

N'est-ce pas, enfin, le plus puissant argument en faveur de la liberté des échanges, que cette dépendance réciproque qui rend les peuples solidaires; qui fait que, celui-ci voulant conserver ses débouchés, celui-là ses approvisionnements, tous deux évitent les occasions de rupture, et s'habituent à considérer la bonne harmonie et la paix comme la première de toutes les nécessités? Déjà, dans l'état d'imperfection où est le système des échanges internationaux, tous les intérêts s'alarment au moindre symptôme de guerre. Que serait-ce avec la liberté ?

Bannissons donc du langage économique ces fausses locutions, et de l'esprit ces fausses idées qui arrêtent la fusion des peuples et le progrès de l'humanité.

CHAPITRE XIX.

Liberté du crédit.

Nous avons vu, dans le chapitre VI, que l'homme, dans son travail *actuel*, s'aidait de son travail *antérieur*, dont les produits accumulés ont reçu le nom de capital ; que, poussé par son esprit entreprenant, il était allé jusqu'à s'aider aussi de son travail *à venir*, en livrant à la circulation des titres qui n'avaient d'autre garantie que les services qu'il se proposait de rendre à la société.

Cette faculté d'anticiper sur l'avenir n'est pas sans inconvénient ; car les espérances les plus légitimes, les entreprises les mieux combinées peuvent échouer, au grand détriment des tiers qui ont prêté leurs capitaux sur la foi du succès. De là les malheurs isolés et les grandes crises commerciales qui viennent à de courts intervalles affliger la société. Frappés de ce danger, certains esprits, sans demander l'interdiction absolue des opérations de ce genre, ont prétendu que le véritable rôle du crédit était *la métamorphose des capitaux stables et engagés en capitaux circulants et dégagés*. Ils ont pensé, en un mot, que le travail antérieur devait avoir une prépondérance marquée sur le travail à venir, comme gage des valeurs de circulation, dans tout système de crédit sagement organisé ; et ils ont montré les immenses ressources que la société pourrait tirer de la mobilisation de ses capitaux engagés.

Pour l'opinion contraire, on a dit que, si le capital *matériel* pouvait être utilisé, la même faveur devait être accordée, et avec la même latitude, au capital *moral*, c'est-à-dire à cette réunion de qualités telles que la probité, l'intelligence, l'activité, par lesquelles un homme a conquis la confiance de ses semblables; que, grâce au concours de ces qualités, les chances de succès l'emportaient de beaucoup sur les chances de revers, et par conséquent les avantages du crédit moral, au point de vue de l'intérêt général, sur les inconvénients; qu'il imprimait une prodigieuse activité au travail et à l'échange; et qu'en définitive, la société lui devait une partie notable de son bien-être.

Si les esprits ont été ainsi divisés sur la part plus ou moins grande qui devait être faite au système de la *mobilisation* et à celui de l'*anticipation*, tous du moins ont été d'accord en un point : c'est que le crédit, quelle que fût son origine, qu'il eût pour base des profits épargnés ou des profits espérés, ne pouvait se passer de liberté.

Or on pouvait attenter de deux manières à cette liberté : ou bien en intervenant arbitrairement dans le débat qui s'établit entre le prêteur et l'emprunteur; ou bien en conférant, à une certaine catégorie de prêteurs, des priviléges exorbitants, qui leur permettraient d'exercer une influence prépondérante sur l'ensemble des transactions qui ressortent du crédit. Cette double atteinte a été portée au crédit par deux mesures à des degrés divers injustes et funestes : *la réglementation de l'intérêt*, et le *monopole de la banque*. Nous allons les discuter successivement.

Tout le monde reconnaît aujourd'hui qu'une des plus monstrueuses conceptions économiques des temps passés était celle par laquelle le législateur intervenait dans les *achats* et les *ventes* pour en régler les conditions. La loi du *maximum* est définitivement jugée dans l'opinion comme la plus désastreuse qui pût être imaginée, car son résultat inévitable est la cherté ou la disette. Comment se fait-il qu'elle ait été acceptée comme légitime et avantageuse en matière de prêt? Est-ce que ces deux genres d'opération ne sont pas identiques dans leur principe? Dans la vente, je cède la chose même; dans le prêt, je cède l'usage de la chose. Dans le premier cas, je transmets tous les avantages attachés à un objet; dans le second, je ne transmets qu'une partie de ces avantages, la jouissance temporaire au lieu de la jouissance indéfinie. En réalité, le prêt n'est donc qu'une vente partielle. Or, lorsque la loi substitue sa volonté à celle des contractants dans un marché, la violation du droit de propriété n'est pas moins manifeste, qu'il s'agisse d'une vente totale ou partielle.

Les conséquences en sont également préjudiciables au public. Les lois de maximum ne font qu'aggraver le mal qu'elles veulent prévenir. Elles n'empêchent pas que le détenteur de la marchandise, qui reste libre de la garder, n'impose ses conditions à l'acheteur, qui ne peut s'en passer. Seulement le prix réel est débattu secrètement, et est toujours plus élevé qu'il ne le serait sous le régime de la publicité et de la libre concurrence. Les choses se passent de même en matière de prêt.

Le taux de l'intérêt doit correspondre, non-seulement à l'abondance des capitaux, mais aux garanties de solvabilité qu'offre l'emprunteur. Lorsque celui-ci se présente dans des conditions équivoques de moralité ou de solvabilité, le prêteur se ménagera dans l'élévation de l'intérêt une prime d'assurance contre les éventualités de perte auxquelles il est exposé. Mais le mystère dont il est obligé de s'entourer pour échapper aux lois contre l'usure, le dérobe à la réprobation publique, et favorise ainsi l'exagération de ses prétentions.

Maintenant, si l'on considère que le capital est le nerf du travail, on comprendra combien est désastreuse, au point de vue de l'intérêt général, toute mesure qui, comme celle-ci, tend à élever le loyer des capitaux et à aggraver les frais de production. Mais ce résultat est bien plus apparent encore dans les atteintes portées à la liberté du crédit par la création des banques privilégiées. Je vais montrer ce qu'il a été en France, cette terre classique du monopole.

La prépondérance de l'agriculture est dans ces deux chiffres : vingt-six millions de travailleurs, six milliards de produits. Et sa misère dans ceux-ci : vingt-deux milliards d'hypothèques, un millard d'impôts qui la frappent sous des formes diverses ; enfin huit millions sur dix de cotes inférieures à vingt francs, et ce morcellement allant toujours croissant. La même souffrance s'est produite, à des degrés divers, dans les autres industries manufacturières, commerciales, libérales, et elle ne date pas d'hier. On la voit poindre il y a vingt-cinq ans, grandissant à mesure qu'on avance dans le temps, et qu'on descend plus bas dans l'échelle du travail, atteignant aujourd'hui son maximum chez le prolétaire des grands centres manufacturiers. La gène industrielle n'a été que le contre-coup de la détresse agricole ; car l'agriculture fournit à l'industrie son principal débouché, sa plus grande consommatrice sur le marché intérieur. Et pour donner une idée de l'importance de ce marché, il suffit de dire qu'en Angleterre même, Pitt n'évaluait le commerce extérieur qu'à la trente-deuxième partie du commerce intérieur. La proportion a pu changer depuis, mais n'a pas détruit l'immense supériorité de ce dernier.

On peut affirmer sans crainte que cette situation économique a puissamment contribué à nos agitations, en servant de point d'appui à tous les partis hostiles au repos de la société, aussi bien aux imprudents qui luttent contre le torrent des idées modernes, qu'aux impatients qui veulent en précipiter le cours. Cette situation économique, quelles causes l'ont produite? Plusieurs sans doute, mais en première ligne celle-ci : *le crédit monopolisé*. Cette assertion étonnera ceux, en très-grand nombre, qui n'ont pas plus réfléchi sur cette question que sur la plupart de celles qui les intéressent, et paraîtra trop absolue aux moins ignorants. Nous croyons cependant qu'il est facile de la justifier.

Le sol qui, sous le monopole de l'aristocratie, avait laissé tomber la vieille monarchie pour un déficit de quelques millions, devint, en se démocratisant, une mine inépuisable de richesses. Il paya la défense du territoire, la conquête de l'Europe, la dette de l'étranger, la restauration d'un trône, les appétits de l'émigration. Il prodigua ses largesses, non plus par millions, mais par milliards, et tandis que d'une main il cicatrisait les plaies du passé, de l'autre il élargissait les voies de l'industrie et préparait l'avenir. Avant de voir ce qu'on a fait depuis de ces magnifiques espérances, racontons comment, dans la même situation que nous, agissaient nos voisins.

Comme nous, l'Angleterre avait tiré ses gigantesques ressources de son sol, non renouvelé par une révolution, mais vivifié par le crédit. Après la lutte terminée, elle n'eut garde de dédaigner l'instrument de sa victoire; elle lui témoigna au contraire une sollicitude plus vive que jamais. Poursuivant l'idée féconde de William Pitt, qui avait provoqué la fondation d'une foule de banques dont le nombre dépassa bientôt sept cents, les hommes d'État de ce pays proclamaient en 1815 cette vérité, qui malheureusement ne franchit pas le détroit : « Le monopole

est le père de la rareté, de la cherté, et de l'*instabilité*. »
Le crédit privé, organisé sur les bases de la plus large
concurrence, continua donc, pendant la paix, à verser
la vie dans le sein de l'agriculture, et de toutes les autres
industries en même temps, car elle les porte toutes sus-
pendues a ses puissantes mamelles. Voilà le secret de la
force, de la prospérité et de la stabilité de ce pays, qui,
comme le disait Jacques Laffitte, « a commencé par mettre
tout son sol en valeur, et dont la surface utilisée est dix
fois plus considérable que la nôtre. »

Je ne parle pas de ce qui s'est passé, durant la même
période, de l'autre côté de l'Atlantique, où la liberté du
crédit a vaincu de bien autres difficultés, car elle s'atta-
quait à un continent inculte, et enfanté de bien autres
merveilles, car, en soixante ans, elle a improvisé un
grand peuple.

Pendant ce temps, que faisions-nous? Justement le
contraire de ce que faisaient nos voisins. Nous arborions
l'étendard du monopole ; nous remplacions l'aristocratie
terrienne par une aristocratie financière. Nous rétrogra-
dions même jusqu'au système féodal, donnant à la banque de France le rôle de suzeraine, et formant autour
d'elle, avec la haute banque, un cortége de grands vassaux. Avant de réciter les hauts faits de cette oligarchie
moderne, et la pression qu'elle a exercée tant sur la fortune publique que sur la fortune privée, disons un mot
de l'origine et de l'organisation de sa puissance.

Lorsqu'en l'an VIII la *caisse des comptes courants,*
transformée en *banque de France,* traite avec le premier
consul et consent à devenir dans ses mains un instrument de règne, à étayer de son crédit le crédit de l'État,
elle stipule, en retour de ce service, la suppression de tous
les établissements rivaux, c'est-à-dire le privilége exclu-

sif de battre monnaie de papier, et la faculté de régler seule les conditions et le taux de l'escompte. Je ne parle pas des autres faveurs qu'elle reçut alors du pouvoir, et qui ne sont rien à côté de ces deux concessions, dont je vais tâcher de faire comprendre la funeste influence sur le travail national.

Les effets de commerce en circulation répondent à deux genres d'opération : le papier de marchandises, qui représente les achats et les ventes ; le papier de change, qui supplée au transport du numéraire d'une place à une autre. Mais le banquier cambiste ne se borne pas à cette dernière opération, dont l'utilité n'est méconnue par personne. Il spécule aussi sur le numéraire, c'est-à-dire sur l'agent même de la circulation, et, à l'aide des puissantes ressources dont nous parlerons bientôt, il en ralentit ou en précipite le cours à son gré, fait le plein et le vide, et porte, par ces brusques variations, la perturbation dans les affaires commerciales. Les emprunts publics, les grandes entreprises de travaux publics, les jeux de bourse qui enlèvent au travail d'immenses capitaux, sont également tombés dans le domaine de l'élément cambiste. Comment a été fondée cette puissance ? où a-t-elle puisé les vastes moyens d'action dont elle dispose de nos jours? Dans les deux clauses qui ont conféré à la banque de France le privilége exclusif de battre monnaie, et le droit de régler arbitrairement les conditions de l'escompte.

Ses statuts furent en effet conçus dans un esprit exclusivement favorable à l'intérêt cambiste, et hostile à l'intérêt commercial, lorsqu'ils adoptèrent pour base de l'escompte l'obligation des trois signatures et l'inflexibilité du taux de l'intérêt. La première de ces conditions a pour effet d'obliger le papier de marchandises, qui n'a que deux signatures, celle du vendeur et celle de l'acheteur, à recourir à un intermédiaire placé entre la banque et lui. Cet intermédiaire n'est autre que le banquier cambiste. Le statut de l'an XII organisait ainsi à l'entour de la banque une légion de satellites recevant d'elle l'argent à quatre pour cent, et le revendant au commerce à six, sept ou huit. Or voici comment devait sortir, de cette cordiale entente entre la suzeraine et ses grands feudataires, des bénéfices énormes, des fortunes colossales, et, pour tout dire en un mot, une redoutable ligue financière. Pour la banque, le bénéfice est : 1° de tripler, de quadrupler avec de la monnaie de papier son capital métallique ; 2° de ne payer aucun intérêt des dépôts ou des valeurs en compte courant. Le cambiste opère aussi de son côté le prodige de la multiplication des espèces, au moyen du solde de son compte courant, qu'il laisse dormir en dépôt à la banque, et qui lui vaut de la part de celle-ci un crédit illimité. En outre l'invariabilité du taux de l'escompte le garantit contre le danger des fluctuations, et son élévation laisse au papier cambiste une marge qui lui permet, en plaçant le papier de marchandises sous le coup de négociations onéreuses, de se débarrasser d'un fâcheux concurrent.

Voilà sur quelles bases a été fondée, et voici maintenant dans quelles proportions s'est développée, cette puissante association dont nous avons montré en passant la pression sur l'élément commercial, et que nous allons voir, étendant sa pesante main sur l'ensemble de la fortune publique et privée, stériliser et bénéficier sur une bien plus vaste échelle.

On ne manque jamais d'invoquer le malheur des temps pour expliquer les dures conditions, qui ont été faites à l'État dans les emprunts publics, qui, depuis 1816, se sont élevés à plus de trois milliards, et l'ont constitué en perte de sept cent cinquante-sept millions; et l'on ne considère pas que cette perte eût été bien moindre s'il eût traité sous le régime de la libre concurrence, et non sous celui du monopole. Je pourrais citer ici des faits nombreux qui attestent la pression constante exercée sur l'État par la haute banque, si les sacrifices énormes qu'elle lui a imposés n'étaient connus de tout le monde. C'est ainsi que cette institution, dont le premier consul avait cru se faire un instrument de règne, est devenu, avec le temps, un instrument d'oppression et de ruine.

C'est déjà là un très-grand mal sans doute; mais à l'aide des emprunts publics, les hommes de finance devaient exercer sur la fortune privée une influence bien plus désastreuse encore. En créant et en excitant la fièvre de l'agiotage, ils détournèrent une masse énorme de capitaux de leur destination rationnelle, qui est d'alimenter le travail. L'industrie du sol a souffert plus que toute autre de cette funeste direction donnée aux forces vives du pays. A dater de 1815 surtout, hommes et capitaux affluèrent vers les grands centres de population, et pendant trente-sept ans le plus clair de la fortune mobilière de la France n'a cessé d'aller s'enfouir dans les sables mouvants de la bourse.

On ne se fait nulle idée en France de cette puissance d'absorption, et de l'immensité du courant qu'elle détermine. Voici des renseignements puisés par un auteur consciencieux, M. de Tapiès, à une source certaine, dans le registre tenu, à la *caisse commune* des agents de change, des versements de cinq francs, comme droit de timbre, pour chaque transfert de rente de trois mille ou cinq mille francs. L'auteur porte le chiffre sur lequel on opère en moyenne chaque année à neuf cents millions de rentes, soit dix-huit milliards de capital. Il se serait élevé aunuellement à trente milliards pendant les dix années qui ont précédé 1830. Dans cette somme ne sont pas comprises les affaires sur les fonds étrangers, ni celles faites dans la coulisse par les courtiers marrons, et qu'on évalue à plus de moitié en sus des affaires du parquet, ni enfin celles des parquets de la province. Nous ne dirons point que ces chiffres représentent un capital figurant effectivement à la bourse ; mais il donne une idée du jeu forcené qui s'y joue, et de l'énormité des valeurs qui lui sont consacrées aussi bien qu'aux opérations sérieuses.

La grande propriété avait donné l'exemple de cette fatale déviation ; il fut en partie suivi par la moyenne, qui, pour se mobiliser, se vendit et se morcela ; la petite propriété, en envahissant le sol, y apporta son ignorance et sa misère. Ainsi se sont évanouies les espérances conçues au commencement de cette ère de paix ; ainsi l'activité du génie national s'est fourvoyée dans une voie sans issue, où l'ont attirée des spéculateurs intéressés.

Nouvelle et grande leçon qui, si elle pouvait être comprise, enseignerait aux peuples que, sur quelque point que ce soit, organisation politique, conscience, discussion, enseignement, travail, échange, crédit, on ne viole jamais impunément la liberté, « la liberté qui est un acte de foi en Dieu et en son œuvre. »

CHAPITRE XX.

Conclusion.

Les Américains des États-Unis ont eu ce bonheur entre beaucoup d'autres, d'être un peuple isolé, inaccessible par sa supériorité aux influences perturbatrices de l'Amérique du Sud, par son éloignement à celles de l'Europe. Supposez, sur notre continent, un peuple assez sage pour reconnaître ses vieilles erreurs, assez énergique pour les extirper; un peuple qui parviendrait à rétablir la machine sociale dans les conditions où Dieu a voulu qu'elle fonctionnât: qui réduirait le pouvoir au rôle de protecteur et de gérant des choses indivises, et restituerait à l'individualité les attributions dont elle a été dépouillée; qui proclamerait l'homme libre dans sa conscience, dans sa pensée, dans son travail, dans toutes ses actions, sous la seule condition de ne point nuire à autrui; qui supprimerait la restriction dans les tarifs, le monopole dans toutes les industries; qui ne reconnaîtrait d'autres inégalités sociales que celles qui naissent naturellement des différences d'activité, d'aptitude, de moralité: ce peuple n'obtiendrait encore de ces réformes que des résultats incomplets. Les obstacles au bien lui viendraient du dedans et du dehors.

Il ne suffit pas, en effet, d'avoir déraciné les abus, il faut les empêcher de renaître, et pour cela lutter longtemps encore. Les grandes cures sont toujours suivies de longues convalescences. C'est précisément pendant cette période de faiblesse que les intérêts parasites, encore sous l'impression de leur éviction récente, déploient le plus d'énergie pour reconquérir le terrain perdu. Et lorsqu'ils ont inutilement épuisé toutes les violences et toutes les perfidies, lorsqu'ils se voient définitivement submergés par le flot sans cesse grossissant des intérêts nouveaux, ils manifestent encore leur mauvais vouloir par l'inertie et par le refus de concours.

Voilà soixante-treize ans que la France est soumise à cette douloureuse expérience, sans que l'opiniâtreté des intérêts vaincus ait sensiblement diminué. Ceci explique pourquoi les principes modernes n'ont pu porter tous les fruits qu'on devait en attendre, et démontre l'aveuglement de l'opinion qui les rend responsables des méfaits de leurs adversaires. Pour moi, quand je considère l'ancienneté des abus et les difficultés de la lutte, je m'étonne même des résultats obtenus. Car enfin, si la liberté est encore aux lisières, l'égalité est adulte; si le travail n'a pas conquis son émancipation complète, il a du moins secoué la lourde chaîne des corporations et des douanes intérieures; il n'a cessé de grandir malgré les révolutions et les impôts, et il a fini par dominer la politique elle-même.

L'opposition du dedans serait moins redoutable si elle ne trouvait encouragement et appui dans l'hostilité du dehors; car de ce côté naissent aussi de sérieux obstacles. Aux premières lueurs de l'incendie qui le menace, le vieux monde court aux armes; mais Dieu veille sur le peuple élu, dont la mission sera inaugurée par des triomphes. Si, plus tard, ce peuple substitue à l'esprit de liberté l'esprit de conquête, il expiera cette apostasie par des revers; mais la liberté aura néanmoins acquis assez de puissance pour être respectée et pour faire reconnaître son droit de cité.

A l'état d'hostilité déclarée succède alors l'état de défiance réciproque, à la guerre la paix armée. Deux millions d'hommes, en Europe, sont arrachés à l'atelier et à la ferme pour apprendre dans les casernes la démoralisation et la paresse; deux milliards sont prélevés annuellement sur l'industrie et sur la propriété pour faire vivre ces masses improductives. Tant de forces et de capitaux détournés de leur destination naturelle laissent dans la société un vide immense que l'effort des populations ne peut parvenir à combler, et qui s'élargit d'année en année. La misère gagne tous les États, les passions fermentent, les gouvernements, inquiets au dedans et au dehors, grossissent encore leurs bataillons et leurs budgets; on arrive ainsi à une aggravation de maux dont il devient impossible de prévoir les limites et la durée.

Un seul remède se présente alors à tous les esprits, un seul mot s'échappe de toutes les bouches, l'*unité*. L'unité est, en effet, l'instinct de la sociabilité porté à sa plus haute expression, le terme des souffrances qui naissent de la lutte, l'avénement du bien-être par la coopération des efforts de tous vers un but commun. Unité, c'est paix et prospérité. Mais quelle unité? Sera-ce l'unité par l'absolutisme ou l'unité par la liberté? Avant de fermer ce livre, arrêtons-nous un moment sur cette grande question, point central vers lequel convergent toutes les lignes que nous avons parcourues jusqu'ici, et qui se présente aux ardentes aspirations de l'humanité sous deux aspects si opposés. Question palpitante d'actualité; car tout semble annoncer que l'heure du dernier conflit n'est pas éloignée, et que l'Europe s'apprête à résoudre violemment l'alternative prophétisée par Napoléon.

Nous l'avons déjà dit, les hommes ont, de tous les temps, reconnu que les événements de ce monde se déroulaient conformément à un plan arrêté par une puissance supérieure que les anciens appelaient destin, fatalité, et que les modernes appellent Providence ; nom plus intelligent, plus religieux, plus paternel, comme l'a remarqué M. de Lamartine. Si les hommes ont différé sur la nature de ce plan, si chacun a cru y découvrir le développement du principe qui était l'objet de son culte, tous du moins se sont accordés en ce point, *qu'il était invariablement progressif*. L'humanité hésite, s'arrête, recule même quelquefois, mais c'est toujours pour faire un pas de plus en avant.

De cette première vérité découle une seconde : c'est que, l'unité de la famille humaine étant le terme du *progrès le plus avancé* que l'esprit puisse concevoir, le système qui nous en rapprochera le plus sera nécessairement le plus conforme aux véritables vues de la Providence. Et ce n'est pas le raisonnement seul qui conduit à cette conclusion, c'est aussi l'étude des faits.

L'esprit d'association est plus qu'un calcul, c'est un instinct puissant et tenace qui poursuit son œuvre à travers les siècles, et qui travaille sans relâche à agglomérer les populations, à assimiler les mœurs, les croyances, les lumières, les intérêts. Les premières familles se groupent et forment la tribu ; les tribus s'associent et constituent les petits États ; les petits États passent sous le joug des nations puissantes ; celles-ci enfin ont une tendance fatale à s'absorber dans une vaste domination. De loin en loin, l'édifice, parvenu à une certaine élévation, s'écroule ; mais il est immédiatement repris à sa base avec une persévérance qui semble avoir conscience de sa mission providentielle et de son triomphe à venir ; et chaque génération nouvelle, s'emparant des matériaux façonnés par celles qui l'ont précédée, y ajoute quelques assises de plus. Dans l'histoire prophétique des quatre grandes monarchies, la Bible nous le montre écroulé quatre fois.

Recommencé pour la cinquième fois, nous l'avons, après dix-huit siècles d'un labeur incessant, porté plus haut qu'il ne fut jamais. Serions-nous condamnés à être les témoins de sa chute? Rassurez-vous; une œuvre si lentement conduite ne s'anéantit pas en si peu de temps. Mais elle peut s'arrêter dans son mouvement d'ascension, rétrograder même, et nous ensevelir sous ses brèches. Nous sommes en plein dans une de ces périodes critiques. Qu'avons-nous à faire pour éviter ce danger?

Nous travaillons tous avec une bonne foi et une ardeur semblables, mais d'après des règles différentes, d'après deux systèmes opposés. Il s'agit de savoir quel est celui qui mine l'édifice, quel est celui qui l'élève et le consolide.

Toutes choses ont leur temps. Le système ancien, qui avait pour instrument la force et pour mobile la satisfaction d'intérêts privilégiés, était parfaitement approprié à l'œuvre qu'il avait mission d'accomplir : celle de constituer de grands États et de les élever à un certain degré de puissance individuelle.

Mais de quoi s'agit-il aujourd'hui, et quelle est la tendance de l'Europe, reconnue par les plus grands esprits de notre époque? C'est la réunion de ces fractions isolées, c'est l'établissement d'un système fédératif qui, tout en conservant à chaque nationalité sa vie propre, ses mœurs, sa physionomie native, fera prédominer un principe unique, et soumettra les intérêts généraux à un arbitrage amiable. Ce sera, en un mot, non l'*uniformité*, mais l'*unité*. Pensez-vous que l'esprit ancien soit propre à l'accomplissement de cette tâche? Pour en juger, analysez ses moyens et ses tendances.

Son moyen, c'est la *force*; il n'en a jamais connu d'autre. La force a souvent réussi, sans doute, à rassembler sous une même loi de nombreux tronçons de la race humaine; mais parvenus à une certaine limite, ces corps gigantesques se disloquent et se fractionnent de nouveau. C'est qu'il y a là juxtaposition, et non fusion. De telles entreprises seraient d'ailleurs impossibles aujourd'hui au point de civilisation où l'Europe est arrivée: la tentative de Napoléon l'a surabondamment prouvé.

Instruites par les fautes de leurs devancières, les nations modernes ont marché vers une union plus intime, par une voie plus lente, mais plus pacifique et plus sûre, la *puissance de l'opinion et la fusion des intérêts*. Et qui ne reconnaît aujourd'hui qu'en suivant cette sage direction, l'Europe, malgré son fractionnement apparent, est moralement plus près de l'unité que les grandes monarchies conquérantes dont l'histoire a raconté les tentatives pour fonder l'unité par la force.

Même différence dans les tendances manifestées de nos jours par les deux systèmes contraires. Les intérêts privilégiés, qui ensemble ou séparément monopolisent le pouvoir, la royauté, l'aristocratie et l'Église, n'échappaient autrefois au contrôle des peuples qu'en les maintenant dans un état permanent d'antagonisme. En admettant qu'ils ne pussent réveiller aujourd'hui en Europe cet esprit de rivalité brutale assoupi depuis trente-sept ans, il est du moins certain qu'ils maintiendraient, avec le système exclusif des individualités nationales, les susceptibilités, les défiances qui sont leur unique raison d'exister.

Rappelez-vous la résistance désespérée que les grands feudataires de la couronne opposèrent à l'unité de la France. Cet esprit d'isolement et d'indépendance qui caractérisait les pouvoirs féodaux a passé aux pouvoirs monarchiques qui leur ont succédé !

Mais si les intérêts privilégiés s'annihilent ou s'affaiblissent en se fusionnant, les intérêts essentiellement égalitaires de la démocratie se fortifient en s'associant ; car ils ne courent pas risque de rencontrer dans leur mouvement d'expansion une force supérieure qui les absorbe ; ils grandissent, au contraire, en richesse et en puissance à mesure que s'élargit leur sphère d'activité : la vie industrielle par la facilité et la liberté des échanges, la vie politique par la communauté des principes, la vie intellectuelle par la circulation des idées.

Il est bien facile de crier à l'utopie. J'adresserai à ces esprits rétifs une simple question. S'ils eussent vécu il y a huit siècles, eussent-ils cru possible de soumettre à la même loi, de confondre dans la même existence politique, économique et morale le Béarnais, le Breton, le Flamand, l'Alsacien, sans parler des autres ? Pourquoi ce qui a été praticable pour trente-cinq millions d'habitants ne le serait-il pas pour deux cent cinquante millions ? C'est la population de la Chine, qui forme cependant un empire unique. Je comprends cette incrédulité chez les gens qui vivent des budgets, mais je ne la conçois pas chez ceux qui les payent. Tout mal vient d'ignorance. Lorsque la pensée rampe à la surface du sol, elle se heurte et s'arrête aux nombreux obstacles qui s'y rencontrent, et, en avant comme en arrière, elle n'aperçoit qu'un horizon borné.

Il faut cependant que les desseins de Dieu sur nous s'accomplissent. Lorsque la volonté de l'homme résiste à la sienne, savez-vous comment il la brise ? Par l'adversité. Lorsque les yeux de l'homme se ferment à la lumière, savez-vous comment il les ouvre ? Par l'adversité.

France, ma patrie bien-aimée, quel peuple posséda jamais au même degré que toi les dons brillants, les qualités aimables, les vertus généreuses? Par là, tu as conquis moralement l'Europe, conquête plus légitime et plus durable que l'autre, et c'est pourquoi la Providence t'a réservé le premier rôle dans son œuvre. Quand comprendras-tu les devoirs de cette glorieuse mission? Les temps sérieux réclament des vertus sérieuses; mais est-il rien d'impossible à la merveilleuse flexibilité de ton génie? Après avoir ébloui et charmé le monde, tu dois aujourd'hui l'éclairer et le diriger; préférer, pour cela, aux éclairs de l'inspiration, souvent suivis d'une obscurité profonde, l'étude et la réflexion qui enfantent les mâles convictions et les résolutions durables; aux bonds impétueux de la passion, toujours suivis de prompts retours, une marche mesurée et ferme. La race anglo-saxonne apporte, pour sa part dans l'œuvre commune, ces qualités solides, moins le prestige de l'élément chevaleresque et du sentiment artistique, qui donnent à la vérité tant de noblesse et de charme. Toi seule peux allier dans une juste mesure l'imagination et le sentiment à l'austère raison. Le jour où tu voudras ces choses, la cause de l'humanité sera gagnée.

POST-FACE.

Comment sera jugé cet écrit ?

S'il tombe dans les mains d'un absolutiste : « Il a du bon et du mauvais, dira-t-il. Le bon, c'est la partie économique ; celle qui montre la pensée divine introduisant l'harmonie dans le mécanisme social ; celle qui met en évidence la légitimité du capital, de la rente, de la propriété ; celle qui prouve aux socialistes l'inutilité et le danger de leurs systèmes artificiels, l'injustice de leurs attaques contre tous les biens que l'homme tient de son travail. — Le mauvais, c'est la partie politique. Avait-il besoin d'aborder ce terrain brûlant, où les passions se donnent carrière sans pouvoir parvenir à s'accorder jamais ? »

S'il est lu par un socialiste : « Il a du bon et du mauvais, dira-t-il. Le bon, c'est la partie politique ; celle qui montre la pensée humaine portant la perturbation dans le mécanisme social ; celle qui met en évidence la légitimité de toutes les libertés ; celle qui prouve aux absolutistes l'inutilité et le danger de leurs systèmes restrictifs, l'injustice de leurs attaques contre les droits que l'homme tient de la nature. — Le mauvais, c'est la partie économique. Qu'avait-il besoin d'aborder ce terrain obscur, où l'imagination se donne carrière sans pouvoir parvenir à conclure jamais ? »

En résumé, mon livre ne satisfera *pleinement* personne. N'est-ce pas la preuve qu'il est *pleinement* dans le vrai, puisqu'il emprunte à chacune des deux opinions la part de vérité qu'elle contient ?

Dieu, ayant créé l'homme, voulut consulter sur son œuvre deux Génies domiciliés aux deux extrémités du monde. Le premier dit : « Les bras sont bien ; l'homme est fait pour travailler. Les jambes sont mal ; au lieu de travailler, il ira se promener. » — Le second dit : « Les jambes sont bien ; l'homme est fait pour progresser. Les bras sont mal ; ils lui conseilleront l'immobilité. »

Dieu jugea à propos de conserver les bras et les jambes.

La *propriété*, ce sont les bras ; la *liberté*, ce sont les jambes.

TABLE DES MATIÈRES.

SECONDE PARTIE.

PERTURBATIONS.

Paris. — Imprimerie de Gustave GRATIOT, 30, rue Mazarine.

OUVRAGES DE FR. BASTIAT

Nous avons cru devoir faire suivre cet écrit de M. J. Martinelli de la Bibliographie des ouvrages de Fr. Bastiat, telle qu'elle se trouve dans le *Dictionnaire de l'Économie poiltique*, avec les observations qui les accompagnent.

Aux électeurs du département des Landes. Dax, imp. de P. Senget, 1830, in-8, 23 pages.

Réflexions sur les pétitions de Bordeaux, le Havre et Lyon, concernant les douanes. Mont-de-Marsan, imp. de Delaroy, 1834, in-4 de 16 pages.

Nous mentionnons ces deux opuscules parce que, dans le premier, on reconnaît déjà l'auteur des *Sophismes économiques*, publiés quinze ans plus tard, et que, dans le second, on voit clairement le germe de la théorie de la valeur, développée dans les *Harmonies*, à la fin de 1849.

Cobden et la ligue, ou l'agitation anglaise pour la liberté des échanges. Paris, 1845, Guillaumin, 1 vol. in-8.

La publication de cet ouvrage fut pour la France une véritable révélation de l'importance acquise en Angleterre par la Ligue contre la loi des céréales. Dans une chaleureuse introduction, inspirée par un vif sentiment de la vérité et de la justice, M. Bastiat a tracé, avec une verve pleine d'originalité et de profondeur, le tableau des dangereuses conditions économiques et politiques dans lesquelles se trouvait placée la nation anglaise, et dont elle a commencé à sortir, grâce aux efforts de la Ligue. Le reste du volume reproduit les principaux discours prononcés par Cobden, Bright, Fox, et les autres orateurs de cette célèbre et bienfaisante association, dans les nombreuses assemblées qu'elle a tenues sur tous les points du pays.

Sophismes économiques. 3e édition. Paris, Guillaumin et comp., 1847-48, 2 vol. in-16.

C'est la critique la plus spirituelle, la plus lucide et la plus concluante qui ait jamais été faite du système prohibitif et prétendu protecteur qui régit en France le commerce extérieur, et des pitoyables motifs que l'on invoque pour en perpétuer le maintien.

Les *Sophismes* ont été traduits en anglais, en espagnol, en italien et en allemand.

Propriété et loi. — Justice et fraternité. Paris, Guillaumin et comp., 1848, broch. in-16.

Cet écrit s'adresse aux déplorables illusions répandues dans les esprits par les sectaires des diverses écoles socialistes, et dont on s'efforçait alors de faire des applications. L'auteur montre l'abîme sans fond où le régime de la fraternité légale et de la propriété mise à la discrétion du législateur aurait poussé la société.

Protectionnisme et communisme : lettre à M. Thiers. Paris, les mêmes, 1849, in-16.

Bastiat démontre surabondamment que le protectionnisme douanier n'est pas autre chose que le communisme appliqué ; que le véritable nom de l'un et de l'autre régime est *spoliation*, et qu'il n'y a pas entre eux de différence, si ce n'est que le régime protecteur exerce la spoliation en faveur du riche, tandis que les communistes demandent à l'exercer en faveur du pauvre.

Capital et rente. Paris, les mêmes, 1849, broch. in-16 de 60 pages.

Réfutation péremptoire de l'une des folles doctrines qui s'étaient produites en 1848, et qui préconisait la gratuité du prêt.

Paix et liberté, ou le Budget républicain. Paris, les mêmes, 1849, in-16 de 88 pages.

Vivement préoccupé des dangers que présentent le déficit

des finances et la continuation du régime des grands armements et des gros budgets, l'auteur adresse aux représentants, ses collègues, une philippique étincelante de verve et de bon sens, pour les déterminer à ramener la paix et la liberté par des moyens contraires à ceux qui les ont compromises, par la réduction des attributions et des dépenses gouvernementales.

Incompatibilités parlementaires. Paris, les mêmes, 1849. broch. in-16 de 72 pages.

Autre adresse à l'assemblée nationale, qui, après avoir exclu du mandat législatif presque tous les fonctionnaires, a maintenu dans son sein *les ministres*.

L'État. — Maudit argent! Paris, les mêmes, 1849, broch. in-16.

L'auteur prend corps à corps ce mythe, cette décevante fiction qu'on appelle l'État, et dans laquelle tant de gens voient la source de tous les biens que peuvent espérer les nations. Il fait voir que si l'État n'est que la réunion des individus, la nation sous un autre nom, il est ridicule d'attendre de l'ensemble d'autres biens que ceux produits individuellement par chaque membre, et que si, par *l'État*, on entend les pouvoirs publics, les hommes qui gouvernent, il est encore plus ridicule d'en attendre aucun autre bien que celui de la sécurité, puisque, loin de recevoir de lui, il faut, au contraire, qu'on lui donne sans cesse, et qu'il ne peut vivre que des biens que lui livrent les citoyens. — Passant à un autre sujet, l'auteur examine toutes les erreurs, toutes les mauvaises mesures, toutes les sottises que l'on prêche et que l'on commet tous les jours (et la liste en est longue!) pour vouloir confondre l'argent et la richesse, et pour méconnaître le véritable rôle de la monnaie.

Harmonies économiques. Paris, les mêmes, 1850, 1 vol. in-8 de 463 pages. 2ᵉ édition, augmentée des manuscrits laissés par l'auteur, et précédée d'un avertissement, par M. P. Paillottet et Roger de Fontenay, ses amis. 1854, 1 vol. gr. in-18.

Dans ce bel ouvrage qui, sur quelques points, ouvre de nouveaux horizons à l'économie politique, et, sur d'autres, rectifie heureusement la nomenclature de la science, M. Bastiat entreprend la démonstration de l'harmonie des lois économiques, c'est-à-dire de leurs tendances vers un but commun, qui est celui du perfectionnement progressif de la vie humaine. Il poursuit la preuve que les intérêts individuels et ceux des diverses fractions de l'humanité, considérés dans leur ensemble, loin d'être antagoniques, se servent au contraire mutuellement, et que, loin que le profit de l'un fasse nécessairement le dommage de l'autre, comme tant de gens le pensent encore, chaque famille, chaque commune, chaque province, chaque nation est intéressée à la prospérité de toutes les autres. Pour que ces lois agissent constamment dans le sens indiqué, une seule condition est nécessaire : le respect de la liberté et de la propriété de tous et de chacun.

Cette démonstration n'est pas complète dans l'ouvrage dont nous parlons ; M. Bastiat s'était proposé de l'achever dans un autre volume.

Gratuité du crédit. Paris, les mêmes, 1850, 1 vol. in-16 de 290 pages.

C'est la reproduction de la discussion entre Fr. Bastiat et M. Proudhon sur la légitimité et la nécessité de l'intérêt, discussion publiée par le journal *le Peuple*. Le trop célèbre rhéteur, mis à bout d'arguties par son antagoniste, avait fini par le déclarer vaincu, atterré, moralement défunt, et par lui fermer les colonnes de son journal. Fr. Bastiat, dans une dernière lettre ajoutée au volume, prouve qu'il n'est pas mort, et que la victoire est restée au sens commun.

Baccalauréat et socialisme. 1850, in-16 de 93 pages.

C'est l'un des plus excellents *tracts* publiés par M. Bastiat depuis 1848. Pour l'apprécier dignement, il faudrait le re-

produire en entier. Jamais les funestes directions données à
notre enseignement public n'avaient été signalées avec autant de force et de raison. « Si les idées exposées dans cet
« excellent ouvrage, a dit un homme éclairé, ne devaient
« pas, avec le temps, triompher des opinions soutenues par
« l'habitude ou l'irréflexion, il faudrait désespérer de l'avenir
« d'un pays où la raison la plus irrésistible aurait si peu
« d'empire. » (M. Victor de Tracy, *Journal des Économistes,* tome XXVII, page 9.)

Spollation et loi. Paris, les mêmes, 1850, in-16 de
60 pages.

Réponse énergique et péremptoire aux attaques dirigées
contre l'économie politique par les protectionnistes dans la
session du conseil général de l'agriculture, des manufactures
et du commece, au mois d'avril 1850.

La loi. Paris, les mêmes, 1850, in-16 de 80 pages.

La loi ne doit être que l'organisation de la légitime défense
de la liberté de chacun ; elle ne peut s'écarter de cette mission sans devenir en quelque sorte la Pandore politique,
sans verser sur les sociétés une foule de maux. Cette thèse
est développée par M. Bastiat avec une vigueur, une logique
et une éloquence entrainantes.

Ce que l'on voit et ce que l'on ne voit pas.
1850, in-16 de 80 pages.

L'économie politique enseigne à connaître et à prévoir
toutes les conséquences, tous les résultats ultérieurs des
faits ou des phénomènes économiques. Les esprits privés des
lumières qu'elle fournit jugent d'après le fait lui-même, ou
d'après ses conséquences les plus immédiates et les plus
rapprochées, *c'est ce que l'on voit.* La vue de la science
s'étend beaucoup plus loin dans le temps et dans l'espace ;
elle embrasse tous les résultats présents ou futurs du fait
étudié, et ces résultats sont presque toujours de nature à
changer ou à modifier le jugement porté d'après une invest.-

gation restreinte aux seules conséquences qu'on ait sous les yeux ; ils constituent ainsi *ce qu'on ne voit pas,* et ce que Fr. Bastiat a entrepris de faire voir dans les questions se rattachant aux consommations privées et publiques, à l'impôt, aux subventions en faveur des beaux-arts, aux travaux publics, aux *intermédiaires* du commerce, aux restrictions industrielles ou commerciales, aux machines, au crédit, aux colonies, à l'épargne et au luxe, et enfin au *droit* au travail et au profit ; en sorte qu'ayant ainsi parcouru toute la série des conséquences que montre l'économie politique, et que l'on ne voit pas sans elle, il a réellement enseigné, comme le porte le titre de sa brochure : *l'Économie politique en une leçon.*

Fr. Bastiat a publié, en outre, dans le *Journal des Économistes* et dans le *Libre-Échange* un grand nombre d'articles sur différents sujets, tous empreints de l'originalité gracieuse, de la verve spirituelle et du bon sens profond qui distinguent ses écrits.

Paris. — Imprimerie de GUSTAVE GRATIOT, 30, rue Mazarine.